Pamela Druckerman

Was französische Eltern besser machen

GOLDMANN
Lesen erleben

Buch

In ihrem letzten Buch, dem Bestseller *Warum französische Kinder keine Nervensägen sind*, berichtete die Journalistin und dreifache Mutter Pamela Druckerman von einem Land, in dem Babys durchschlafen, Kinder kleine Gourmets und Eltern meistens entspannt sind. Sie gab Einblick in den Familienalltag der Franzosen und lüftete die Geheimnisse der Erziehung à la *française*.
Nun liefert sie die Quintessenz daraus – alle Tipps auf einen Blick: Wie bringt man dem Nachwuchs Geduld bei? Wie macht man den Kleinen Brokkoli schmackhaft? Und wie können sich Eltern auch noch ein eigenes Leben bewahren? Humorvoll, prägnant und mit gesundem Menschenverstand bietet dieses kleine Handbuch den perfekten Mix aus Praxistipps und Theorie.

Autorin

Pamela Druckerman studierte Internationale Beziehungen an der Columbia University und arbeitet nun als freiberufliche Journalistin sowie Autorin. Sie war Redakteurin bei *The Wall Street Journal* und schrieb für *The New York Times*, *The Washington Post* und *Marie Claire*. Ihr Buch *Warum französische Kinder keine Nervensägen sind* wurde in 21 Sprachen übersetzt und ist ein internationaler Bestseller. Sie lebt mit ihrem englischen Ehemann und ihren drei Kindern in Paris.

Von Pamela Druckerman außerdem im Programm

Warum französische Kinder keine Nervensägen sind
(📖 auch als E-Book erhältlich)

Pamela Druckerman

Was französische Eltern besser machen

100 Erziehungstipps aus Paris

Aus dem Amerikanischen
von Henriette Zeltner

GOLDMANN

Dieses Buch ist bereits unter der Titelnummer 17650
im Goldmann Verlag erschienen. Die Originalausgabe erschien 2013
unter dem Titel *Bébé Day by Day* bei The Penguin Press, New York.

Alle Ratschläge in diesem Buch wurden von der Autorin
und vom Verlag sorgfältig erwogen und geprüft. Eine Garantie kann
dennoch nicht übernommen werden. Eine Haftung der Autorin
beziehungsweise des Verlags und seiner Beauftragten für Personen-,
Sach- und Vermögensschäden ist daher ausgeschlossen.

Sollte diese Publikation Links auf Webseiten Dritter enthalten,
so übernehmen wir für deren Inhalte keine Haftung,
da wir uns diese nicht zu eigen machen, sondern lediglich auf
deren Stand zum Zeitpunkt der Erstveröffentlichung verweisen.

Verlagsgruppe Random House FSC® N001967

 Dieses Buch ist auch als E-Book erhältlich.

1. Auflage
Vollständige Taschenbuchausgabe Mai 2018
Copyright © 2014 der deutschsprachigen Ausgabe:
Wilhelm Goldmann Verlag, München,
in der Verlagsgruppe Random House GmbH,
Neumarkter Str. 28, 81673 München
Illustrationen: Margaux Motin
Umschlag: Uno Werbeagentur, München,
nach einem Entwurf von zeichenpool, München
Umschlagmotiv: Margaux Motin
Redaktion: Dagmar Rosenberger
Satz: Uhl + Massopust, Aalen
Druck und Bindung: GGP Media GmbH, Pößneck
Printed in Germany
KW · Herstellung: IH
ISBN 978-3-442-17754-7
www.goldmann-verlag.de

Besuchen Sie den Goldmann Verlag im Netz:

Für Simon und unsere Unikate

Inhalt

Einleitung

Als ich ein Buch darüber schrieb, was ich beim Großziehen meiner drei Kinder in Frankreich gelernt habe, war ich mir nicht sicher, ob das außer meiner Mutter überhaupt irgendjemand lesen würde. Ja, ich bezweifelte sogar, dass meine Mutter es ganz schaffen würde (eigentlich bevorzugt sie Romane).

Doch zu meinem Erstaunen lasen das Buch auch viele Menschen, die gar nicht mit mir verwandt sind. Eine Zeit lang gab es viele verärgerte Rezensionen. Wie konnte ich mir anmaßen, »unsere Erziehung« zu beleidigen? – Falls so etwas überhaupt existierte. Es gäbe doch bestimmt auch eine Menge kleiner französischer Rabauken. Man vermutete, ich habe nur unter wohlhabenden Parisern recherchiert. Ob ich etwa den Sozialismus oder – noch schlimmer – die Fläschchennahrung propagieren wolle?

Ich gehöre zu den Menschen, die sich jegliche Kritik sofort zu Herzen nehmen. Folglich bekam ich es erst einmal mit der Angst zu tun. Doch dann erhielt ich immer mehr E-Mails von ganz normalen Eltern. (Viele davon stehen inzwischen auch auf meiner Website.) Das hellte meine Stimmung rasch auf. Denn diese Leute fanden nicht, ich hätte meine Landsleute völlig zu Unrecht beschuldigt, ein

Erziehungsproblem zu haben. Genau wie ich durchlebten sie dieses Problem gerade live und waren an einer Lösung mehr als interessiert.

Einige Eltern berichteten, mein Buch bestätige, was sie von sich aus – und oft mit schlechtem Gewissen – bereits versucht hätten. Andere schrieben, sie hätten die im Buch geschilderten Methoden mit ihren Kindern ausprobiert, und zwar mit Erfolg. (Ich war natürlich mehr als erleichtert, das zu hören.) Viele fragten nach weiteren Tipps und Details oder nach einer Version des Buchs ohne den Hintergrund meiner persönlichen Lebensgeschichte, um es als eine Art Handbuch an die Großeltern, ihren Partner oder den Babysitter weiterzugeben.

Daraus ist nun dieses Buch geworden. Die »100 Erziehungstipps aus Paris« sind mein Versuch, die klügsten und wichtigsten Prinzipien herauszuarbeiten, die ich von französischen Eltern und Experten gelernt habe. Und man muss keineswegs in Paris leben, um sie umzusetzen. Man muss dafür nicht einmal Käse mögen. (Ein Blick auf die Rezepte am Ende des Buchs lohnt trotzdem. Sie stellen eine Auswahl dessen dar, was Kinder in französischen Tagesstätten essen. Und das schmeckt auch Erwachsenen!)

Ich bin von allen 100 Erziehungsgeheimnissen überzeugt. Allerdings habe ich sie weder selbst erfunden, noch stellen sie mein persönliches Credo dar. Und nicht alle Tipps sind für jede Familie geeignet. In Frankreich hat man großen Respekt vor der Individualität eines Kindes und ist sich einig darin, dass es von jeder Regel auch Ausnahmen gibt. Beim Lesen werden Sie merken, dass die vielen einzelnen Tipps auf ein paar zentralen Grundprinzipien der französischen Kindererziehung und Lebensart basieren. Einige davon erschienen mir als Amerikanerin zunächst radikal, zum Beispiel: *Wenn sich das Familienleben ausschließlich um die Kinder dreht, dann tut das niemandem gut, nicht einmal den Kindern selbst.*

Ich glaube, dass auch amerikanische Eltern das bereits herausgefunden haben, doch noch zu wenig Konsequenzen daraus ziehen. So zeigt eine Statistik, dass in den USA die Zufriedenheit der Eltern als Partner in den letzten Jahren – also genau in der Zeit, in der die extrem auf das Kind fixierte Erziehung in Mode gekommen ist – abgenommen hat. Eltern sind auffallend weniger glücklich als Erwachsene ohne Kinder, und jedes weitere Kind schmälert dieses Glück noch weiter. (Berufstätige Mütter in Texas machen sogar lieber Hausarbeit, als sich mit ihren Kindern zu beschäftigen!) Die alarmierendste Studie über amerikanische Familien der Mittelklasse, auf die ich bei meinen Recherchen gestoßen bin, beschreibt, wie Eltern von Autoritätspersonen zu »Dienern ihrer Kinder« werden. Wenn ich an die zahlreichen Extrawünsche beim Essen und das permanente Herumkutschieren denke, würde ich noch »Leibköche« und »Chauffeure« hinzufügen.

Der entscheidende Fortschritt ist in meinen Augen, dass wir inzwischen immerhin schon selbst bezweifeln, dass diese Form der Erziehung, die jeder Forderung des Kindes nachgibt, den Kindern wirklich nützt. Viele unserer guten Absichten – von den Videos über die Hirnentwicklung bei Babys bis zur nervenaufreibenden Suche nach der besten Schule – scheinen von sehr zweifelhaftem Nutzen zu sein. Manche Fachleute nennen die erste Generation von Kindern, die diese Form von Erziehung gerade hinter sich hat, »Teetassen«, weil sie so zerbrechlich und verhätschelt sind. Außerdem warnen die Experten davor, dass unser Verständnis von Erfolg nur unglückliche Kinder hervorbringt.

Selbstverständlich machen auch französische Eltern nicht alles richtig. Und sie machen auch nicht alles gleich. Die »100 Geheimnisse« beschreiben vielmehr eine Art kulturelle, gesellschaftliche Weisheit. Sie entsprechen dem, was französische Erziehungsratgeber, Elternzeitschriften und Experten prinzipiell empfehlen. Und die meisten Eltern aus der Mittelschicht tun in der Tat genau das, oder sie sind zumindest davon überzeugt, dass sie es tun sollten. Diese französische Weisheit orientiert sich in erster Linie am gesunden Menschenverstand. Ich habe Briefe von Lesern erhalten, die Ähnlichkeiten der französischen Erziehung mit Montessori oder auch mit den Lehren der aus Ungarn stammenden Magda Gerber sahen. Andere versicherten mir, dies sei im Grunde die amerikanische Erziehung vor den Reaganomics und dem Psychotherapie-Boom. Viele der französischen Ideen besitzen allerdings eine ganz eigene Kraft und Eleganz. So glaubt der Großteil der französischen Eltern, dass Babys rationale, verständige Wesen sind, dass man am besten ein wenig Strenge mit sehr viel Freiheit kombiniert und dass man Kindern zwar sehr genau zuhören, aber nicht unbedingt alles tun soll, was sie sagen. Auch ihre Fähigkeit, Kindern so viel mehr als typisches »Kinderessen« schmackhaft zu machen, ist bemerkenswert. Vor allem glauben Franzosen, dass man in der Erziehung mit Gelassenheit am meisten erreicht. Wirklich fantastisch finde ich, dass man in Frankreich eine ganze Nation dabei beobachten kann, wie sie in Echtzeit versucht, diese Prinzipien zu befolgen. Reisen Sie doch einmal nach Frankreich und überzeugen Sie sich selbst davon. – Sie werden staunen.

Warum die französische Erziehung für uns überhaupt relevant ist? Ganz einfach, weil sie quasi das Gegenteil dessen darstellt, was gerade bei uns passiert. Wir glauben, dass man Kindern so früh wie möglich kognitive Fähigkeiten wie zum Beispiel Lesen oder Fremdsprachen beibringen sollte. In Frankreich dagegen konzentriert man sich in den ersten Lebensjahren auf die Vermittlung von »Soft Skills«, wie die Integration in eine Gruppe und Mitgefühl. Wir möchten, dass unsere Kinder möglichst viele Reize erfahren; die Franzosen halten Auszeiten für genauso wichtig. Wir versuchen, Frustrationen für unsere Kinder zu vermeiden, damit sie glücklich sind; hier in Paris denkt man dagegen, dass ein Kind, das nicht mit Enttäuschung umgehen kann, unglücklich aufwächst. Wir schauen auf die Ergebnisse der Erziehung; die Franzosen erachten dagegen die Qualität der rund achtzehn Jahre, die man zusammen verbringt, für mindestens genauso wichtig. Gestörten Schlaf über Jahre, regelmäßige Trotzanfälle, zickiges Essverhalten und ständige Unterbrechungen sind in unseren Augen praktisch unvermeidlich, wenn man kleine Kinder hat. Französische Eltern finden diese Dinge dagegen – und stellen Sie sich hier bitte nicht die englische, sondern die französische Aussprache vor – *impossible*.

Ich bin Journalistin, keine Erziehungsexpertin. Daher waren es die harten Fakten, die mich am stärksten von den französischen Erziehungsprinzipien überzeugt haben. Viele Dinge, die französische Eltern intuitiv, aus Tradition oder als Ergebnis von *trial and error* tun, entsprechen exakt den neuesten wissenschaftlichen Empfehlungen in den USA. Die Franzosen sind einfach davon überzeugt, dass man kleinen Babys beibringen kann, nachts durchzuschlafen; dass Geduld erlernbar ist; dass zu viel Lob Kindern schaden kann; dass man sich auf den Biorhythmus eines Babys einstellen sollte; dass Kleinkinder keine Lernkärtchen brauchen und dass man Geschmack an Speisen findet, wenn man sie nur erst einmal probiert hat – lauter Dinge, die auch die Wissenschaft uns inzwischen rät. (Um es nicht unnötig kompliziert zu machen, habe ich viele dieser Studien in der Bibliografie ab Seite 211 aufgelistet.) Bitte betrachten Sie dieses Buch als Inspiration, nicht als Doktrin. Und seien Sie flexibel. Eines der französischen Sprichwörter, für die ich im Buch keinen Platz mehr gefunden habe, lautet sinngemäß: »Du musst das, was du tust, permanent verändern.« Unsere Kinder ändern sich rasch. Trotzdem sollten Sie an den grundlegenden Prinzipien festhalten, diese jedoch unterschiedlich anwenden. Ich hoffe, dass dieses Buch dazu beitragen kann, genau das zu ermöglichen. Es soll keinen Katalog von Regeln liefern, sondern eine Art Werkzeugkasten sein, mit dessen Hilfe Eltern vieles selbst herausfinden und lösen können – in Anlehnung an das Sprichwort: »Gib einem Mann kein Filet vom Lachs an Fenchelschäumchen. Lehre ihn einfach das Fischen.«

Sie sollen dabei nicht bloß die französische Erziehung und das französische Wertesystem kopieren. Erziehen Sie Ihre Kinder nach Ihrem eigenen Rezept. Und mir ist es eine Freude, ein paar Ideen und Zutaten mit in den Topf zu werfen.

Schwangerschaft:

Ein Croissant
im Ofen

Alle schwangeren Frauen sorgen sich. Immerhin »machen« wir ja schließlich einen ganzen Menschen. Einige von uns schaffen es daher kaum noch, ein Abendessen zuzubereiten. Dieses Sorgenmachen kann sich sogar zur olympischen Disziplin auswachsen. Da bekommt man das Gefühl, jeder Bissen, den wir zu uns nehmen, müsse vorher daraufhin geprüft werden, ob er auch wirklich gut für das Baby ist. Diese ganze Angst fühlt sich nicht gerade angenehm an. Trotzdem erscheint sie uns notwendig. Denn so signalisieren wir, dass für unser ungeborenes Kind kein Opfer zu groß ist.

Die Französinnen dagegen kultivieren diese Ängstlichkeit nicht. Vielmehr finden sich im französischen Wortfeld zum Thema Schwangerschaft vor allem Begriffe wie *Gleichmut*, *Balance* oder auch *Zen*. In Frankreich demonstrieren werdende Mütter ihre Kompetenz nicht durch Überängstlichkeit, sondern indem sie zeigen, wie gelassen sie sind und dass sie immer noch Spaß am Leben und am Genießen haben. Dieser kleine Unterschied in der Einstellung macht im Alltag einen Riesenunterschied.

1.

Eine Schwangerschaft ist kein Forschungsprojekt

Werdende Mütter in Frankreich lesen vielleicht ein, zwei Babybücher. Die betrachten sie allerdings nicht als Pflichtlektüre. Genauso wenig wie sie sich verpflichtet fühlen, sich vorab für einen bestimmten Erziehungsstil zu entscheiden. Es macht einen Unterschied, ob man vorbereitet ist oder alle Namen von Chromosomenanomalien beim Abendessen runterbeten kann.

Ein Baby in sich wachsen zu lassen ist das Geheimnisvollste und Bedeutendste, was Sie je tun werden (außer Sie waren schon mal schwanger oder haben eine Katze). Sie können sich ausgiebig mit der Tragweite dieses Vorgangs befassen, ohne alles bis ins letzte Detail kontrollieren zu wollen. Doch Sie brauchen niemand zu Ihrem persönlichen Guru zu ernennen. Die wichtigste Stimme, auf die Sie in dieser Zeit hören sollten, ist Ihre eigene.

2.

Entspannung ist besser für das Baby

Falls Sie sich nicht um Ihrer selbst willen zu Gelassenheit und Ruhe durchringen können, dann tun Sie es für Ihr ungeborenes Kind. Französische Zeitschriften für Schwangere berichten, dass der Fötus die Stimmung seiner Mutter wahrnimmt. Zu viel Stress stresst ihn, während Glückshormone ihn über den Weg der Plazenta besänftigen.

Daher raten Experten schwangeren Frauen dringend, ihre Sorgen zu zerstreuen, indem sie diese mit einem Arzt oder einer Therapeutin besprechen und sich mit Pediküre, romantischen Abenden (bevorzugt mit dem werdenden Vater) und Verabredungen zum Mittagessen mit ihren Freundinnen verwöhnen. Die Franzosen nennen so eine Mutter *zen maman*, die dann auch ein *zen bébé* zur Welt bringt. Und natürlich ist eine entspannte Schwangerschaft die beste Voraussetzung für eine von Gelassenheit geprägte Erziehung.

3.

Keine Angst vor Sushi

In Frankreich versuchen werdende *mamans*, Risiken abzuwägen. Sie wissen, dass einige Dinge – Zigaretten und Alkohol beispielsweise – das ungeborene Kind eindeutig gefährden. Französische Ärzte empfehlen inzwischen während der Schwangerschaft kategorisch den kalten Entzug von beidem (auch wenn einige Frauen sich noch gelegentlich eine *coupe de champagne* gönnen). Anderes ist dagegen nur gefährlich, wenn es kontaminiert ist. Sushi, Salami, rohe Meeresfrüchte und Käse aus Rohmilch gehören in diese Rubrik.

Sie sollen jetzt natürlich nicht gleich losrennen, um Austern zu essen. Hören Sie in dieser Hinsicht am besten auf Ihren Arzt. Doch falls Sie einmal aus Versehen nicht pasteurisierten Parmesan auf Ihre Pasta gestreut haben, ist das kein Grund für einen Nervenzusammenbruch.

4.

Der Fötus braucht
keinen Käsekuchen

Betrachten Sie eine Schwangerschaft nicht als kulinarischen Freifahrtschein, um sich endlich all das zu gönnen, was Sie sich in den Jahren vor und während Ihrer Beziehung versagt haben. Die langfristige Ernährungsstrategie der Französinnen sieht eher so aus, gelegentlich ein Schälchen *mousse au chocolat* zu genießen, anstatt sie komplett vom Speiseplan zu verbannen. Das besänftigt den Heißhunger und verringert die Wahrscheinlichkeit, sich irgendwann mit einer Riesenschüssel davon vollzustopfen. Diese Art zu essen – moderat, aber ohne Entsagung – erklärt auch den Titel eines aktuellen französischen Schwangerschaftsratgebers: *Au secours! Elle veut des fraises* (»Hilfe! Sie will Erdbeeren«).

5.

Essen Sie für einen
(und nur ein bisschen mehr)

Ihr Ziel sollte sein, sich Ihre weibliche Anziehungskraft über die Schwangerschaft hinaus zu erhalten. Nehmen Sie daher die ärztlichen Empfehlungen und Grenzen bezüglich der Gewichtszunahme ernst. (Die französischen Vorgaben sind strenger als die bei uns, und den Französinnen sind sie heilig.) Vergessen Sie nicht, dass es Ihnen viel leichter fallen wird, die Babypfunde wieder zu verlieren, wenn Sie während der Schwangerschaft erst gar nicht so viel zugenommen haben. In einem französischen Ratgeber heißt es, eine normal aktive Schwangere benötige pro Tag nur zweihundert bis fünfhundert Kalorien zusätzlich; alles andere, so wird gewarnt, »verwandelt sich unweigerlich in Fett«. Das bedeutet allerdings nicht Askese. Entscheidend ist, dass schwangere Französinnen nicht nur essen, um ihren Fötus zu ernähren. Sie fühlen sich auch berechtigt, das Essen für sich selbst zu genießen.

6.

Leihen Sie sich niemals die Hemden Ihres Mannes

Sich wie ein unförmiges Etwas zu kleiden ist schlecht für die Moral (und zwar für Ihre genauso wie für die Ihres Partners, möglicherweise sogar auch für die des Babys). Investieren Sie also in ein paar vorteilhafte Stücke Umstandsmode. Außerdem lassen sich normale Strickjacken und Leggings zu Schwangerschaftskleidung umfunktionieren und mit farbigen Tüchern und Lippenstift aufhübschen. Solche Details signalisieren, dass Sie sich nicht von einer *femme* in eine *maman* verwandeln. Sie können beides sein!

7.

Bewahren Sie Ihren Sex-Appeal

Französische Elternzeitschriften erwähnen nicht nur, dass es okay ist, Sex zu haben. Sie geben sogar ganz praktische Tipps dafür – wie Listen unbedenklicher Sex Toys (nichts mit Batterien), Rezepte mit aphrodisierenden Nahrungsmitteln (beispielsweise Senf, Zimt oder Schokolade) und detaillierte Anleitungen für Stellungen, die Sie selbst im dritten Trimester noch gefahrlos hinkriegen. Die dazugehörigen Fotostrecken zeigen Schwangere in Spitzen-Dessous mit herausforderndem Blick. Einiges davon ist durchaus nachahmenswert. Auch schwangere Französinnen mutieren nicht zu Sexgöttinnen, denn ihre Libido ist genauso wechselhaft wie die von Schwangeren anderer Nationalität. Aber zumindest glauben sie nicht, sich in Sphären begeben zu haben, in denen Intimität kaum noch vorkommt. Sie wissen anscheinend, dass einmal tiefgekühlte Verführungskünste sich später nur noch schwer wieder auftauen lassen.

8.

Eine PDA ist nichts Böses

Für Franzosen ist das Kinderkriegen keine heldenhafte Reise ins Reich der Schmerztoleranz oder ein erster Probelauf dafür, was eine Frau für ihr Kind zu ertragen bereit ist. Französinnen bringen ihre Kinder auch nicht nach einem minutiös geplanten Ablauf zur Welt, bei dem vom speziellen Licht über die Gästeliste bis hin zur Festlegung, wer das Baby »auffängt«, sobald es rauskommt, alles bis ins kleinste Detail durchorganisiert ist.

Es gibt natürlich Hebammen, pränatale Babyflüsterer und sogar Hausgeburten in Frankreich. Niemand findet etwas dabei, wenn Sie Ihr Baby genau so gebären, wie Sie das gerne möchten. Vorrangig sollte für Sie dabei immer sein, dass das Baby sicher aus Ihrer Gebärmutter in Ihre Arme gelangt. Aber während manche Dinge *au naturel*, also so, wie die Natur sie geschaffen hat, am besten sind (wie die weibliche Brust oder Ahornsirup), vertraut man bei anderen Dingen besser auf die Errungenschaften der modernen Medizin.

Und selbst Französinnen, die sich nur von Biolebensmit-

29

teln ernähren und vorhaben, ihr Kind bis zum Kindergarten zu stillen, freuen sich, wenn der Anästhesist den Kreißsaal betritt.

9.

Gehen Sie nicht zu nah ran

An alle Väter: Wenn Sie das Baby nicht selbst entbinden müssen, dann stellen Sie sich während der Geburt bitte nicht direkt ans »Ende des Tunnels«. Ja, dort gibt es das Wunder des Lebens zu bezeugen. Und natürlich möchten Sie Ihr Kind mit offenen Armen auf der Welt begrüßen. Aber vielleicht lohnt sich die Überlegung, ihm eine halbe Sekunde später zu begegnen, wenn Sie dadurch das weibliche Mysterium Ihrer Partnerin bewahren. Da unten geht es bei einer Geburt ziemlich heftig zu, und zwar nicht unbedingt schön. Wie heißt es in einer französischen Redensart so treffend? Nicht alle Wahrheiten müssen erzählt werden.

Das Baby:
Bébé Einstein

In Frankreich hält man Babys nicht für hilflose Bündel. Selbst Neugeborene werden hier wie winzige, vernünftige Menschen behandelt, die verstehen, was man ihnen sagt, und Dinge lernen können (sofern man sie diese behutsam und in ihrem eigenen Tempo lehrt). Und das ist gar nicht so weit hergeholt, wie man zunächst meinen könnte. Amerikanische Wissenschaftler fanden erst kürzlich heraus, dass man sich Babys nicht wie leere Tafeln vorstellen darf. Sie sind nämlich schon zu moralischen Entscheidungen und einfacher Mathematik in der Lage. Wer weiß, welche sensationellen Fähigkeiten man als Nächstes an ihnen entdecken wird? Auf jeden Fall sollten wir uns, wenn wir etwas sagen, darüber im Klaren sein, dass unser Baby uns zuhört.

10.

Machen Sie mit Ihrem Baby einen Rundgang durch die Wohnung

Wie jeder Mensch, der sein neues Zuhause zum ersten Mal sieht, möchte sich auch Ihr Baby orientieren und wissen, wo es schlafen wird. Wenn Sie es aus der Klinik nach Hause bringen, zeigen Sie ihm alles. Hier wird sie sein: die Heimat! Danach machen Sie es sich am besten zur Gewohnheit, sich jedes Mal von Ihrem Kind zu verabschieden, wenn Sie weggehen, und ihm auch zu sagen, wann Sie zurück sein werden.

Helfen Sie Ihrem Kind dabei, die Welt zu verstehen, auch indem Sie erklären, dass Oma die Mama von Papa (oder von Mama) ist, oder ihm erzählen, was das dort draußen für Geräusche sind. Französische Eltern glauben, dass sie ihr Baby durch den Klang ihrer Stimmen nicht nur beruhigen, sondern ihm bereits wichtige Informationen vermitteln können. Ihrer Ansicht nach ist es möglich, ein weinendes Baby zu trösten, indem man ihm die Situation erklärt.

11.

Beobachten Sie Ihr Baby

Wenn Sie eine frischgebackene französische Mutter nach ihrer Erziehungsmethode fragen, werden Sie oft ein Achselzucken und folgende Antwort bekommen: »Ich beobachte mein Baby einfach.« Damit meint sie, dass sie tatsächlich viel Zeit damit verbringt, zuzusehen, was ihr Kind macht. Das ist wichtiger und weniger selbstverständlich, als es vielleicht klingt. Sie versucht, sich auf ihr Baby einzustimmen, und lernt, wie sie seine Signale verstehen und ihnen entsprechen kann. (Experten sprechen hier auch von Empathie und halten das für eine der wichtigsten Eigenschaften einer Bezugsperson.) Die Idee dahinter ist, da zu sein, wenn das Baby Sie braucht. Wenn es allerdings zufrieden vor sich hin krähend und glucksend auf seiner Spieldecke liegt, dann sollten Sie Ihr Kind auch einfach mal in Ruhe lassen. Was Sie in diesem Fall anstreben, nennen die Franzosen *complicité* – gegenseitiges Vertrauen und Verstehen, auch mit jemandem, der regelmäßig sein Bäuerchen auf Ihnen macht.

12.

Sagen Sie Ihrem Baby
die Wahrheit

Die berühmteste Erziehungsexpertin Frankreichs, Françoise Dolto, meinte einmal, dass Kinder kein perfektes Familienleben brauchen, aber ein stimmiges, eines ohne Geheimnisse. Sie beharrte darauf, dass Babys spüren, wenn es in ihrem Zuhause ein Problem gibt. Und dieselbe beruhigende Bestätigung brauchen wie wir ja alle: »Du bist nicht verrückt! Da stimmt tatsächlich etwas nicht!« Dolto ist der Meinung, dass Eltern ihrem sechs Monate alten Baby mitteilen sollten, wenn sie vorhaben, sich zu trennen. Auch wenn ein Großelternteil stirbt, empfiehlt sie eine einfühlsame Erklärung und sogar, das Kind kurz zur Beerdigung mitzunehmen. Ein adoptiertes Baby sollte ganz früh von seiner leiblichen Mutter erfahren, selbst wenn die Adoptivmutter ihm nur sagt: »Ich kenne sie nicht, aber du kennst sie.« In Frankreich glaubt man, dass Eltern ihren Kindern schon von klein auf helfen können, mit schwierigen Situationen fertigzuwerden, einfach indem sie ihnen die Lage erklären.

13.

Seien Sie höflich

Französische Eltern reden nicht im Singsang einer Baby-
sprache mit ihren Kleinkindern. Dafür achten sie auf Höflichkeit, indem sie stets »*bonjour*«, »bitte« und »danke«
sagen. Für vorbildliches Verhalten in Bezug auf gute Ma-
nieren ist es einfach nie zu früh. Und diese *politesse* von Beginn an gibt auch den Ton für einen respektvollen späteren
Umgang miteinander an.

14.

Vermeiden Sie ständige Animation

Natürlich sollen Sie sich mit Ihrer Tochter oder Ihrem Sohn unterhalten und ihr bzw. ihm Dinge zeigen und Geschichten vorlesen. Aber ein Baby braucht wie jeder Mensch auch mal eine Pause. Es will nicht permanent beobachtet und beschäftigt werden, denn es braucht Zeit, um all die neuen Informationen, mit denen es konfrontiert wird, zu verarbeiten. (Das Gleiche gilt auch für die Eltern.) Richten Sie Interaktionen und Gespräche nach dem natürlichen Rhythmus des Babys. Sorgen Sie dafür, dass Ihrem Kind genügend Zeit bleibt, um sich an einem geschützten Ort auch mal nur mit sich selbst zu befassen.

15.

Gewöhnen Sie Kinder auf sanfte Weise an einen Rhythmus

In den ersten Lebensmonaten füttern französische Eltern üblicherweise nach Bedarf. Danach halten sie sich jedoch an ein paar Prinzipien:

- Babys sollten jeden Tag ungefähr zu denselben Zeiten essen.
- Wenige große Mahlzeiten sind besser als viele kleine.
- Das Baby sollte sich an die üblichen Essenszeiten seiner Familie gewöhnen.

Mit diesen Überlegungen im Hinterkopf lassen sich die Abstände zwischen den Mahlzeiten nach und nach vergrößern. Lenken Sie ein hungriges Baby mit einem Spaziergang oder Zeit im Tragetuch ab. Am Anfang gewinnen Sie so pro Tag vielleicht nur ein paar Minuten. Aber Ihr Kind wird sich daran gewöhnen, ein wenig zu warten. Irgendwann sind Sie bei drei Stunden zwischen den Mahlzeiten, und dann bei vier. Ehe Sie sich's versehen, hat Ihr Nachwuchs den Essensrhythmus, den er vermutlich für den Rest seines Lebens beibehalten wird: Frühstück, Mittag- und Abendessen, dazu noch eine Kleinigkeit am Nachmittag. (Die ungefähren entsprechenden Uhrzeiten sind in Frankreich 8 Uhr, 12 Uhr, 16 Uhr und 20 Uhr, wobei man sie natürlich nicht mit militärischer Disziplin einhalten muss.)

16.

Flaschennahrung ist kein Teufelszeug

Auch französische Mütter wissen, dass Stillen am besten ist. Allerdings betrachten sie es nicht als Kriterium dafür, wie gut eine Mutter ist. Und sie halten bei Brustschmerzen und anderen Unannehmlichkeiten nicht eisern daran fest. Viele Frauen verweisen ganz pragmatisch darauf, dass sie selbst schließlich auch gesund groß geworden sind, obwohl sie nur Pulvermilch getrunken haben – und zwar die alte mit weitaus schlechterer Zusammensetzung als die heutigen Produkte. Grundsätzlich sind Französinnen der Meinung, nur aufgrund von moralischem Druck sein Kind zu stillen sei ungesund und unerquicklich. Ob und wie lange eine Frau stillt, sollte ihre ganz persönliche Entscheidung sein und nicht die ihrer Krabbelgruppe. Das beste Argument für Muttermilch ist, wenn Sie und Ihr Baby das Stillen genießen.

17.

Beginnen Sie das Zufüttern mit Gemüse

Wenn Sie Ihrem Baby als Erstes Reisflocken füttern, wird es die wahrscheinlich auch akzeptieren. Aber warum nicht mit etwas Spannenderem beginnen? Ab einem Alter von circa sechs Monaten füttern französische Eltern ihre Kinder mit geschmacksintensivem Püree aus Spinat, Karotten, Zucchini oder anderem Gemüse. Bald kommen dann noch Früchte dazu, kleine Mengen Fleisch und diverse Fischsorten. So versucht man hierzulande, Kinder mit Aromen vertraut zu machen, die diese ihr Leben lang begleiten werden, und ihnen so Lust aufs Essen zu machen.

Schlafen:

Bonne nuit, bébé!

Es ist ein französisches Paradoxon: Babys schlafen hierzulande oft schon mit drei Monaten oder sogar noch früher nachts durch. Dabei lassen ihre Eltern sie jedoch keineswegs stundenlang schreien.

Das ist kein Zufall, kein Mysterium und auch nicht die Folge von Cognac in der Milch. Wenn auch Sie der Überzeugung sind, dass kleine Babys schon etwas lernen können, dann sind Sie auch in der Lage, ihnen etwas beizubringen. Zum Beispiel wie man schläft.

18.

Die Mechanismen
des Schlafens verstehen

Ihr Baby ist einzigartig und anbetungswürdig, und eines Tages wird es die Schauspielschule besuchen. Ohne Zweifel wird seine Lebensgeschichte eines Tages verfilmt, und eine etwas ältere Gwyneth Paltrow wird darin Sie, seine schon etwas betagte, aber immer noch atemberaubende Mutter, spielen. Doch, wie auch französische Eltern wissen, ist selbst Ihr Spross den Gesetzen der Naturwissenschaft bzw. der Medizin unterworfen. Und eines dieser Gesetze besagt, dass alle Babys in kurzen Zyklen schlafen. Am Ende jedes Schlafzyklus wachen Babys oft auf und weinen ein bisschen.

Das Geheimnis längerer Schlafphasen besteht darin, dass das Baby lernt, wie es die einzelnen Schlafzyklen selbst miteinander verbinden kann. Es muss lernen, nach einem Zyklus zwar kurz aufzuwachen, aber anschließend gleich in die nächste Schlafphase einzutauchen, ohne dass dafür irgendjemand aus seinem Bett aufstehen muss. Erwachsenen – sofern sie nicht unter Schlaflosigkeit leiden oder sich gerade in den Wechseljahren befinden – gelingt dieses Kunststück jede Nacht.

Schlafzyklen miteinander zu verbinden ist eine wichtige Fähigkeit. Einige Glückskinder werden damit bereits geboren. Die meisten müssen jedoch erst eine Weile üben, bevor sie sie beherrschen.

19.

Babys sind geräuschvolle Schläfer

Kleine Kinder machen beim Schlafen eine Menge Geräusche. Sie jammern und fuchteln mit den Armen wie Verkehrspolizisten. Das bedeutet aber keineswegs, dass sie wach sind. Wenn Sie jedoch jedes Mal in sein Zimmer rasen, sobald Ihr Baby auch nur Piep macht, dann kann es passieren, dass Sie es aufwecken.

20.

Praktizieren Sie die Pause

Es ist bekannt, dass Babys oft weinen, während sie lernen, ihre einzelnen Schlafzyklen miteinander zu verknüpfen. Manchmal geben sie auch Laute von sich, die an einen wütenden Frosch erinnern, obwohl sie immer noch weiterschlafen. Daher sollten Sie sich, sobald das Kleine ein paar Wochen alt ist, angewöhnen, ein wenig zu warten, wenn es nachts weint.

Diese Pause legen Sie ein, um zu sehen, ob Ihr Kind vielleicht nur eine Schlafphase beendet und ganz allein, das heißt ohne Ihre Hilfe, in die nächste eintaucht. Wenn Sie dagegen sofort hinlaufen und es aus dem Bettchen heben, nehmen Sie ihm die Chance, diese Fähigkeit zu erlernen.

Vielleicht ist Ihr Kind noch nicht dazu bereit, seine Schlafzyklen zu verbinden. Doch wenn Sie nicht diesen entscheidenden Moment lang warten, werden Sie das nicht erfahren, und Ihr Baby auch nicht. Es wird sogar glauben, dass Sie am Ende jeder Phase da sein müssen, um ihm wieder in den Schlaf zu helfen. Sofort hinzugehen mag Ihnen das Gefühl geben, hingebungsvolle, opferbereite Eltern zu sein, doch in Wirklichkeit behandeln Sie Ihr Baby dabei wie ein hilfloses Bündel, das noch nicht dazu bereit ist, zu lernen und zu wachsen. Außerdem kann es auch sein, dass Ihr Sohn oder Ihre Tochter nur im Schlaf Geräusche von sich gegeben hat. In diesem Fall wecken Sie ihn oder sie sogar selbst auf, wenn Sie reinkommen und Ihr schlafendes Kind hochnehmen.

So eine Pause muss gar nicht lang sein. Manche französischen Eltern warten vielleicht fünf Minuten. Andere etwas länger oder kürzer. Es geht auf keinen Fall darum, das Baby bis zur Erschöpfung schreien zu lassen. Wenn es nach der Pause immer noch weint, geht man in Frankreich davon aus, dass ein anderes Bedürfnis der Grund dafür sein muss. Dann nehmen auch französische Eltern ihr Kind aus seinem Bettchen.

21.
Bringen Sie Ihr Baby in Schlaflaune

Die Pause ist notwendig, aber allein noch nicht ausreichend, damit Kinder das Schlafen lernen. In Frankreich setzt man zur Schlafenszeit außerdem auf Rituale als Einstimmung auf eine ruhige Nacht. Lassen Sie Ihr Baby tagsüber seine Nickerchen nur bei Tageslicht absolvieren. Dass die Zeit für den großen Nachtschlaf heranrückt, können Sie Ihrem Kind signalisieren, indem Sie es baden, ihm einen Pyjama anziehen, ein Schlaflied singen und auch ausdrücklich »Gute Nacht« sagen. Sobald das Baby ruhig und entspannt, aber möglichst noch wach ist, legen Sie es in einem abgedunkelten Zimmer in sein Bettchen.

Vor dem Zubettgehen gemütlich Zeit miteinander zu verbringen ist ausgesprochen wichtig. Schließlich soll Ihr Kind ja mit einem Gefühl von Sicherheit und Geborgenheit einschlummern. Nur dann wird es sich für eine Weile von Ihnen trennen können und sich trotzdem wohlfühlen.

22.

Reden hilft

Warum sollten Sie nur mit allen anderen darüber sprechen, wie Ihr Kind schläft, außer mit ihm selbst? Sagen Sie Ihrem Baby, dass Schlafenszeit ist. Erklären Sie ihm, dass die ganze Familie nun Ruhe braucht. Kündigen Sie ihm an, dass Sie eine Pause von einigen Minuten lang warten werden, bevor Sie zu ihm ins Zimmer kommen, weil Sie ihm Gelegenheit geben möchten, allein wieder in den Schlaf zu finden. Erzählen Sie Ihrem Baby, wie schön es für alle – auch für Ihre Tochter oder Ihren Sohn selbst – sein wird, wenn sie oder er nicht mehr um 3 Uhr nachts aufwachen muss. In einem französischen Babybuch habe ich außerdem gelesen, dass Eltern ihrem Baby nach der ersten durchgeschlafenen Nacht unbedingt sagen sollen, wie glücklich und stolz sie sind. Diese positive Bestärkung hilft, die neu erworbene Fähigkeit zu festigen.

23.

Guter Schlaf tut auch dem Baby gut

Französische Eltern lehren ihre Kinder nicht nur aus Eigennutz schon früh das Durchschlafen. Sie sind vielmehr davon überzeugt, dass guter Schlaf das Beste für ihren Nachwuchs ist. Und die Wissenschaft bestätigt das: Ein Kind mit Schlafstörungen kann hyperaktiv und reizbar werden, Lern- und Konzentrationsschwierigkeiten entwickeln und sich häufiger verletzen. (Meiner persönlichen Erkenntnis nach gilt das Gleiche auch für Mütter mit Schlafmangel.)

Mit dem Schlafen lernen Babys zusätzlich noch eine wichtige symbolische Lektion: Ein- und durchschlafen zu können ist etwas, das man braucht, um Teil einer Familie zu sein. Denn irgendwann müssen Babys sich auch an die Bedürfnisse anderer anpassen. Zufällig endet die übliche französische Elternzeit mit drei Monaten – also in dem Alter, wenn viele Babys bereits durchschlafen und ihre *mamans* morgens für die Arbeit frisch und ausgeruht sein müssen.

24.

Rechnen Sie nicht sofort mit Erfolg

Denn der ist unwahrscheinlich. Aber bleiben Sie dran und vertrauen Sie darauf, dass Ihr Baby, wie man in Frankreich sagt, »seine Nächte machen« wird. Vermitteln Sie Ihrem Kind diese Zuversicht (das hilft!). Und glauben Sie auch selbst daran, dass es letztendlich lernen wird durchzuschlafen, wenn Sie nur mit Sanftmut und Geduld bei der Sache bleiben. Oft passiert dies genau dann, wenn Sie glauben, dass Sie Ihren eigenen Schlafentzug keine Nacht länger aushalten.

25.

Falls Sie das Zeitfenster für die »Pause« versäumt haben

Die sanfte Methode, Ihrem Baby mit der Pause das Durchschlafen beizubringen, funktioniert am besten innerhalb der ersten vier Lebensmonate. Sollten Sie diese Zeit verpasst haben, gehen Sie auf das Weinen des Babys ein und nehmen es, wenn nötig, aus dem Bett. Trösten Sie Ihr Baby mit verständnisvoller Stimme, bis es sich beruhigt hat. Dann legen Sie es wieder hin. Im Verlauf der folgenden Abende reagieren Sie ganz allmählich immer etwas weniger, bis Sie am Ende schweigend in einiger Entfernung vom Kinderbett sitzen, während Ihr Baby einschläft. Meist stellt sich der Erfolg schon nach wenigen Nächten ein.

Essen:

Bébé Gourmet

Stellen Sie sich einen Planeten vor, wo die Mahlzeiten mit der Familie das reine Vergnügen sind, Kinder das Gleiche essen wie ihre Eltern und Kinder kaum Gewichtsprobleme haben. Dieser erstaunliche Planet heißt Frankreich. Allerdings geschehen diese Dinge auch dort nicht von allein. Französische Eltern kümmern sich aktiv darum, ihre Kinder mit gutem Essen vertraut zu machen, und zwar sehr gewissenhaft. Diese Mühe lohnt sich viermal täglich. Die französische Ernährungsphilosophie lautet: Behandle dein Kind wie einen kleinen Gourmet, und es wird (nach und nach) auch einer werden.

26.

Es gibt kein »Kinderessen«

Chicken Nuggets, Fischstäbchen und Pizza findet man natürlich auch in Frankreich. Kinder bekommen solche Gerichte aber nur gelegentlich und keinesfalls täglich (das gilt auch für Pommes frites, die man hierzulande nur *frites* nennt). Französische Eltern lassen ihre Kinder erst gar nicht zu mäkeligen Essern werden, die sich nur von Pasta oder weißem Reis ernähren. Schon von klein auf essen französische Kinder mehr oder weniger das Gleiche wie die Großen. Das Menü einer staatlichen Krippe in Paris umfasst vier Gänge (darunter einen Käse-Gang) und erinnert an Gerichte, die man auch in einem Bistro bestellen würde. (Den Speiseplan einer *crèche* finden Sie ab Seite 203.)

27.

Nur ein Snack pro Tag

Ich fand es zunächst schwer vorstellbar, dass Kinder vom Frühstück bis zum Mittagessen durchhalten, ohne zwischendurch auch nur eine Rosine zu essen. Doch wie sich herausstellt, ist das nicht nur möglich, sondern sogar angenehm. Französische Kinder essen normalerweise nur zu den Mahlzeiten und einmal am Nachmittag, den sogenannten *goûter*.

Wenn ein Kind zwischendurch nicht viel nascht, ist es zu den Mahlzeiten richtig hungrig und isst sich auch satt. Es sorgt auch für mehr Ruhe, wenn sich nicht ständig alles nur ums Essen dreht. So bleibt allen mehr Zeit für andere Dinge. Und wenn man sich erst auf diesen Rhythmus eingestellt hat, dann wird der *goûter* zu einer täglichen kleinen Besonderheit. Üblicherweise besteht dieser Imbiss aus etwas Süßem, einem Milchprodukt und Obst. Oft gibt es ein bisschen Schokolade. Ein klassischer *goûter* ist ein Schokoladen-Sandwich, bestehend aus einem Täfelchen dunkler Schokolade in einem Stück Baguette, dazu ein Glas Milch oder Fruchtsaft.

28.

Trösten Sie nicht mit einem Keks

Nicht stets einen Schokoladenkeks bei der Hand zu haben, wenn ein Kind weint, bringt weitreichende Vorteile mit sich: Zum einen wird auf diese Weise ein Temperamentsausbruch nicht belohnt; Sie ermutigen Ihr Kind also nicht dazu, bei nächster Gelegenheit wieder loszuheulen, nur um noch einen Keks zu bekommen. Zum anderen vermeiden Sie es, Essen als Trost zu propagieren. Das wird Ihre Tochter Ihnen danken, wenn sie erst einmal dreißig ist und ihr die Jeans aus der Oberstufe immer noch passen.

29.

Sie sind die Hüterin
des Kühlschranks

In Frankreich dürfen Kinder nicht einfach an den Kühlschrank gehen und sich nach Belieben daraus bedienen. Erst müssen sie ihre Eltern fragen. Das reduziert nicht nur das Naschen zu Hause, sondern sorgt automatisch auch für weniger Chaos.

30.

Lassen Sie die Kinder kochen

Die fünfjährige Französin von nebenan misst die richtigen Mengen Öl, Essig, Senf und Salz ganz allein ab, um daraus die Vinaigrette für den Salat der Familie zu rühren. Dass sie selbst Salat liebt, ist bestimmt kein Zufall. Wir alle machen uns schließlich mehr aus Gerichten, die wir selbst zubereitet haben. Ich habe in Frankreich schon Zweijährige auf der Küchentheke sitzen sehen, die Spinat zerrupften, Dreijährige, die Gurken schälten und mit abgerundeten Messern Tomaten schnitten oder den Teig für Crêpes rührten. Natürlich sind die Eltern als Aufsicht dabei, und sie stören sich nicht an ein bisschen Durcheinander. Außerdem gibt es keine bessere Gelegenheit, um zu erfahren, was Ihr Kindergartenkind tagsüber so alles erlebt hat, als das gemeinsame Abschälen hart gekochter Eier.

Und wenn das Essen fertig ist, dann genießen Sie es am besten so wie die Franzosen: gemeinsam am Tisch sitzend und ohne den laufenden Fernseher im Hintergrund.

31.

Servieren Sie einzelne Gänge – Gemüse zuerst

Die Mahlzeiten mit der Familie müssen nicht überkandidelt sein. Sie brauchen keine Kerzen anzuzünden oder sich eine weiße Serviette über den Arm zu legen. Fangen Sie nur unbedingt mit irgendeiner Sorte Gemüse an. Wenn Ihre Kinder nicht den ganzen Tag über genascht haben, werden sie hungrig sein und es sehr wahrscheinlich auch essen. (Die gleiche Strategie funktioniert beim Frühstück mit aufgeschnittenem Obst.) Gemüse als Vorspeise muss nichts Aufregendes sein. Zum Beispiel eine Schüssel Erbsen in der Schale (es macht Spaß, sie bei Tisch auszupalen), ein paar aufgeschnittene Kirschtomaten mit Salz und Olivenöl oder gedünsteter Brokkoli. Geben Sie einfach jedem Kind eine Portion auf den Teller und lassen Sie sich überraschen.

32.

Alle essen das Gleiche

In Frankreich entscheiden nicht die Kinder, was sie zum Abendessen bekommen. Es gibt keine Alternativen oder Sonderwünsche. Stattdessen wird ein Essen serviert, das für alle gedacht ist. Probieren Sie das doch einfach auch einmal aus. Wenn ein Kind nichts oder nur sehr wenig isst, bleiben Sie standhaft. Bieten Sie ihm keinen Ersatz an. Wenn Sie gerade erst anfangen, Ihren Nachwuchs aus dem kulinarischen Kinder-Ghetto zu befreien, dann können Sie es für alle einfacher machen, indem Sie etwas kochen, das jeder aus Ihrer Familie mag, und erst nach und nach neue Gerichte einführen.

Vor allem sollten Sie optimistisch und gelassen bleiben. Geben Sie den neuen Regeln Zeit, sich zu etablieren. Trauen Sie Ihrem Kind zu, dass es die gleichen Dinge essen kann wie Sie selbst. Und kombinieren Sie die neuen Gepflogenheiten möglichst mit neuen Freiheiten, zum Beispiel indem Sie Ihren Sohn oder Ihre Tochter die Quiche anschneiden oder den Parmesan selbst reiben lassen. Wenn Sie in einem Restaurant essen, sollten Sie Ihre Kinder – in einem vernünftigen Rahmen – ihr Essen selbst aussuchen lassen.

33.

»Du brauchst nur zu probieren«

Die meisten Kinder mögen Eis auf Anhieb (meine beschwerten sich allerdings anfangs darüber, dass es »zu kalt« sei). An viele andere Speisen muss man Kinder aber erst gewöhnen. Allein die Tatsache, dass sie ihnen ganz fremd sind, stößt manche Kinder ab. Erst wenn man unbekannte Speisen mehrmals probiert, fängt man schließlich an, sie zu mögen.

Genau das ist der Eckpfeiler der Ernährung von Kindern in Frankreich. Demnach müssen die Kinder mindestens einen Bissen von allem probieren, was auf den Tisch kommt. Ich bin mir sicher, es gibt auch Familien, die diesen Grundsatz nicht so streng sehen, ich selbst habe allerdings noch keine kennengelernt.

Präsentieren Sie Ihrem Kind diese Regel, als sei sie ein Naturgesetz – etwas wie die Schwerkraft. Erklären Sie ihm, dass unser Geschmacksempfinden durch das geprägt wird, was wir essen. Sollte Ihr Kind etwas beim ersten Mal nicht probieren wollen, dann lassen Sie es einen Bissen davon auf die Gabel oder den Löffel nehmen und beschnuppern (oft wird anschließend doch ein wenig davon gekostet). Eine neue Zutat pro Mahlzeit genügt, und am besten servieren Sie diese zusammen mit einer Lieblingsspeise.

Bleiben Sie Herrin der Lage, ohne sich gleich wie eine Gefängniswärterin zu benehmen. Seien Sie gelassen und betrachten Sie das Ganze spielerisch. Würdigen Sie es, wenn die erwünschte Kostprobe gegessen wurde. Reagieren Sie neutral, wenn Ihr Nachwuchs findet, es schmecke ihm nicht. Bieten Sie aber niemals einen Ersatz an. Denken Sie immer langfristig: Sie wollen doch nicht, dass Ihr Sohn ein einziges Mal, und nur unter Zwang, eine Artischocke isst. Was Sie wollen, ist, dass er lernt, Artischocken zu mögen.

34.

Öfter mal was Neues

Selbst wenn ein bestimmtes Gericht sich nicht als großer Hit erweist, servieren Sie es immer mal wieder. Brokkoli lässt sich als Suppe, mit Käse überbacken oder in der
Pfanne gebraten essen. Und selbst wenn Brokkoli niemals
die Leibspeise Ihrer Tochter wird – mit jedem Mal erhöht
sich die Wahrscheinlichkeit, dass er Teil ihres Repertoires
wird. Irgendwann findet sie ihn ganz normal. Wenn eine
Zutat erst einmal fest etabliert ist, verarbeiten Sie diese
immer wieder. Am Ende wird Ihr Kind zwar nicht jedes
Gericht lieben, aber zumindest jedem eine Chance geben.

35.

Sie bestimmen, was gegessen wird, Ihr Kind entscheidet, wie viel

Ein Kind weiß (oder sollte lernen zu wissen), wann es satt ist. Servieren Sie eher kleine Portionen und zwingen Sie es nicht zum Aufessen. Warten Sie ab, ob es einen Nachschlag verlangt, bevor sie ihm den Teller neu füllen. Sollte Ihr Sohn sich eine dritte Portion Pasta wünschen, bieten Sie ihm stattdessen einen Joghurt oder ein bisschen Käse an. Naturjoghurt wird mit einem Löffel Honig oder Marmelade verlockender. Danach lassen Sie ihn sich ein Stück Obst oder Fruchtpüree aussuchen.

Ihr Ziel sollte nicht sein, Ihr Kind bei jeder einzelnen Mahlzeit mit allen erdenklichen Nährstoffen abzufüllen. Vielmehr wollen Sie aus Ihrem Nachwuchs selbstständige Esser machen, die jede Mahlzeit genießen und ihren Appetit selbst einschätzen können. Wenn Ihre Tochter mittags zu wenig isst, wird sie das beim Abendessen nachholen. Wer allerdings dauernd nascht, lernt niemals, sich auf die eigentlichen Mahlzeiten zu beschränken.

36.

Bringen Sie Abwechslung
auf den Teller

Die Franzosen sind verrückt nach Abwechslung. Deshalb bekommen Kinder hier auch schon von klein auf die verschiedensten Zutaten in unterschiedlichster Zubereitung serviert. Außerdem achtet man auf Abwechslung bei der Textur und der Farbe der Speisen. Das bietet zahlreiche Vorteile:

- Die Kinder erhalten eine Vielzahl von Nährstoffen. Viele verschiedene Gerichte erleichtern eine ausgewogene Ernährung.
- Die Mahlzeiten verlaufen friedlicher. Wenn Ihre Kinder viele unterschiedliche Gerichte kennen, brauchen Sie nicht zu befürchten, dass ein mäkeliger Esser beim Anblick von einem Kräutchen in seiner Suppe die Krise kriegt.
- Sie können Ihren Nachwuchs überallhin mitnehmen, weil er immer etwas finden wird, das ihm schmeckt. Und Sie müssen sich nie mehr bei Gastgebern entschul-

digen, die keine Nudeln ohne alles parat haben. Gemeinsam irgendwo zu essen stärkt die Verbundenheit zwischen Ihnen und Ihrem Kind.

- Es macht den Kindern mehr Spaß. Schließlich ist es spannend, den eigenen Horizont zu erweitern, indem man immer neue Geschmäcker, Gerüche und Texturen kennenlernt.
- Sie beweisen Vertrauen in Ihr Kind. Dadurch, dass Sie es wie einen unerschrockenen Abenteurer in puncto Essen behandeln, wird es genau diese Erwartung auch erfüllen. Kinder, die dagegen als nörgelige, schwierige Esser gelten, die nur Schinken-Käse-Toast und hin und wieder eine Banane zu sich nehmen, werden genau das auch bleiben.

37.

Trinken Sie Wasser

Gekühltes oder zimmerwarmes Wasser ist das Alltagsgetränk in Frankreich, und zwar zum Mittag- wie zum Abendessen (und bei allen Gelegenheiten zwischendurch). Eltern fragen üblicherweise erst gar nicht nach den Getränkewünschen ihrer Kinder, sondern stellen einfach einen Krug mit Wasser auf den Tisch. (Das wird sehr schnell zur Gewohnheit.) Saft gibt es nur zum Frühstück und gelegentlich zum Nachmittagsimbiss. Zuckerhaltige Getränke bleiben besonderen Anlässen wie Partys vorbehalten. *Santé!*

38.

Das Auge isst mit

Jeder isst lieber Speisen, die appetitlich aussehen. In Pariser Restaurants verwendet man deshalb auf das Anrichten fast ebenso viel Zeit wie auf die Zubereitung. Diesem Grundsatz können Sie auch zu Hause folgen. Selbst fertige Speisen lassen sich auf Servierplatten appetitlich arrangieren. Garnieren Sie optisch Langweiliges mit ein paar Kirschtomaten oder geraspelten Karotten. Lassen Sie die Kinder rohes Gemüse auf einer Platte arrangieren oder bunte Beläge für Sandwiches zusammenstellen, die Sie dann im Ofen überbacken.

Achten Sie auch auf schönes Geschirr: Mit zwei bis drei Jahren kann jedes Kind von einem Porzellanteller essen und aus kleinen Gläsern trinken, wie es in Frankreich absolut üblich ist.

39.

Reden Sie übers Essen

Franzosen unterhalten sich viel übers Essen. Nicht zuletzt dadurch überzeugen sie ihren Nachwuchs davon, dass es nicht nur der Ernährung dient, sondern ein sinnliches Erlebnis ist. Ernährungsberater empfehlen, über die Kategorien »mag ich/mag ich nicht« hinauszugehen und stattdessen Fragen zu stellen: Sind die Äpfel sauer oder süß? Wie unterscheiden sich Makrele und Lachs im Geschmack? Was magst du lieber – Eichblattsalat oder Rucola?

Essen ist ein unerschöpfliches Thema, um sich mit seinen Kindern zu unterhalten. Wenn der Kuchen nicht aufgeht oder der Eintopf versalzen ist, dann lachen Sie gemeinsam darüber.

Gehen Sie im Supermarkt auf Expedition und lassen Sie Ihr Kind selbst ein paar Früchte und Gemüse auswählen (einer meiner Söhne liebt es, im Einkaufswagen zu sitzen und mit einer Stange Lauch herumzufuchteln).

Vor allem sollten Sie auf einen positiven Ton in Ihrer Unterhaltung zum Thema Essen achten. Und wenn Ihre

Tochter plötzlich verkündet, von nun an keine Birnen mehr zu mögen, dann fragen Sie sie ganz gelassen, was sie nun stattdessen mag.

40.

Behalten Sie die Nährstoffbilanz im Blick

Französische Eltern scheinen einen Plan darüber im Kopf zu haben, was ihre Kinder im Laufe eines Tages essen. Das meiste Eiweiß sollen diese mittags zu sich nehmen, während es abends eher Getreide und Gemüse gibt. Süßspeisen bekommen Kinder üblicherweise als Nachtisch zum Mittag oder beim *goûter*. Die Nachspeise am Abend besteht meistens aus Joghurt, Käse oder Obst. (»Was du am Abend isst, das bleibt dir über Jahre«, erklärte eine Pariser Mutter mir einmal.)

41.

Kein Stress beim Abendessen

Eine französische Ernährungsberaterin meint, ihr wichtigster Tipp laute: Lassen Sie Ihr Kind nicht merken, wie viel Ihnen daran liegt, dass es sein Gemüse isst.

Machen Sie auch keinen zu großen Aufstand ums Essen, sondern bleiben Sie cool. Die grünen Bohnen, die Sie eben auf den Tisch gestellt haben, sind nicht die Offenbarung. Der Ton, den Sie bei den Mahlzeiten anstreben sollten, ist fröhliche Nonchalance. Stehen Sie dem Essen gelassen und positiv gegenüber. Und sagen Sie Ihrem Nachwuchs immer wieder, dass das gemeinsame Essen die Zeit ist, zu der sich die ganze Familie einfindet und das Beisammensein genießt.

42.

Essen Sie Schokolade

Süßigkeiten sind kein Teufelswerk. Versuchen Sie also erst gar nicht, so zu tun, als existiere weißer Zucker nicht. Damit erreichen Sie nur, dass Ihre Kinder sich erst recht darauf stürzen, sobald sich die Gelegenheit dazu bietet. Zeigen Sie ihnen lieber, dass Süßigkeiten ein Genuss sind, den man sich von Zeit zu Zeit und in kontrollierten Mengen gönnt. Französische Kinder naschen regelmäßig ein wenig Schokolade oder Gebäck, meist beim nachmittäglichen *goûter*. An den Wochenenden gibt es oft Kuchen, allerdings nicht zu viel. Bei Geburtstagen und auf Schulfesten lassen Eltern hierzulande auch mal die Zügel locker. Schließlich brauchen wir alle hin und wieder eine Ausnahme von den geltenden Regeln.

43.

Kurz und gut

Ein Abendessen ist keine Geiselhaft. Erwarten Sie nicht, dass kleinere Kinder länger als zwanzig oder dreißig Minuten am Tisch sitzen bleiben. Wenn sie darum bitten, aufstehen zu dürfen, erlauben Sie es ihnen. Die Mahlzeiten werden mit zunehmendem Alter automatisch länger.

In Restaurants ist es allerdings nicht vorgesehen, dass die Kinder den Tisch verlassen. Planen Sie solche Events daher mit Bedacht. Ihr Nachwuchs sollte hungrig, aber nicht todmüde sein. Packen Sie ein paar Bücher oder Malutensilien ein. Bevor Sie das Lokal betreten, erklären Sie auch ganz kleinen Kindern noch einmal, dass dort drinnen besondere Regeln gelten. Eine davon lautet, dass sie selbst aussuchen dürfen, was sie essen möchten. Erinnern Sie Ihren Sohn oder Ihre Tochter daran, sich *sage* zu betragen – ruhig und selbstbeherrscht. (Dieser französische Ausdruck umfasst mehr als nur »brav sein«, nämlich auch eine gewisse Umsicht und die Fähigkeit zur Selbstkontrolle.)

Lernen:

Früher ist nicht besser

Es ist eine verlockende Vorstellung, in der frühen Kindheit den Beginn eines Marathons zu sehen, dessen Ziel eine Universität ist (die Besten schaffen es sogar auf eine Elite-Uni). Wenn man bei diesem Bild bleibt, wünscht man seinen Kindern natürlich einen schnellen Start: So früh wie möglich sollen sie beginnen zu sprechen, zu lesen und zu rechnen. Man stattet sie mit Lernspielzeug aus, das die Hirnentwicklung fördern soll.

Auch die Franzosen wünschen ihrem Nachwuchs Erfolg im späteren Leben. Aber wahrscheinlich würde von ihnen niemand den Vergleich mit einem Marathon ziehen. Hier sieht man einfach keinen Grund dafür, kleine Kinder an den Meilensteinen ihrer Entwicklung vorbeizujagen oder ihnen Lesen oder Rechnen beizubringen, bevor sie kognitiv dazu bereit sind. Französische Kinder lernen im Vorschulalter einige Buchstaben, aber vor der ersten Klasse, also mit circa sechs Jahren, nicht richtig lesen. (Finnische Teenager erzielen im europäischen Vergleich die besten Ergebnisse in den Bereichen Leseverständnis und Mathematik, obwohl die Kinder dort erst im Alter von sieben mit dem Lesen und Rechnen beginnen.)

Jüngste amerikanische Studien sprechen ebenfalls für

ein langsameres Tempo. Es hat sich nämlich herausgestellt, dass es wichtiger ist, Vorschulkindern Fähigkeiten wie Konzentration, soziales Verhalten und Selbstbeherrschung (dazu mehr im Kapitel »Grenzen setzen: Die Freiheit, du und ich zu sein«, Seite 119 ff.) zu vermitteln. Diese Fähigkeiten bilden – viel eher als Mathe-Arbeitsblätter oder frühes Lesetraining – eine solide Basis für den späteren akademischen Erfolg. Und wie französische Eltern Ihnen gerne bestätigen, ist es für die Eltern und die Kinder viel entspannter, sich den Frühförderstress zu ersparen.

44.

Kleinkinder müssen noch nicht lesen können

Es ist durchaus möglich, bereits Dreijährige darauf zu trainieren, dass sie einfache geschriebene Wörter wiedererkennen. Aber wozu die Eile? Für dieses Training müssten Sie Ihrem Kind die Zeit nehmen, die es braucht, um die wirklich altersgemäßen Fähigkeiten zu erwerben: planvolles Handeln, sich verständlich ausdrücken und Mitgefühl empfinden.

In französischen Kindergärten lernen die Kleinen, wie man ein Gespräch führt, bei Projekten bis zum Ende durchhält und wie sich die Probleme des Alltags lösen lassen. In der Vorschulklasse, die meine Tochter in Paris besuchte, lautete die Aufgabe für 25 Fünfjährige, die allesamt noch nicht lesen konnten, ihre Meinung zum Thema »Gerechtigkeit« oder »Mut« zu äußern. Wenn diese Kinder sechs sind, werden sie in viel kürzerer Zeit lesen lernen, als es gedauert hätte, als sie erst drei waren.

45.

Überspringen Sie keine Entwicklungsstufe

Ein französisches Sprichwort lautet: »Du kannst nicht schneller tanzen, als die Musik spielt.« Hierzulande ist man davon überzeugt, dass ein Baby sich umdreht, aufsetzt, sauber wird und zu laufen beginnt, sobald es dafür bereit ist und ihm dieser Entwicklungsschritt auch guttut. Die Eltern sollten es dabei liebevoll ermutigen und unterstützen, aber die Kindheit nicht in ein Bootcamp verwandeln. Ohnehin sollte es keine Schwerstarbeit bedeuten, ein kleines Kind zu sein. Dazu bleibt später noch Zeit genug.

46.

Ein paar Zauberworte

Bei den Franzosen gibt es außer Bitte und Danke auch noch *bonjour* und *au revoir*. Wobei man sich besonders eifrig darum bemüht, dass ein Kind *bonjour* sagt, sobald es eine fremde Wohnung, einen Laden oder den Kindergarten betritt. Sich mit der Begrüßung aus dem Mund seiner Eltern irgendwie durchzumogeln wird hier nicht toleriert.

In den Augen französischer Eltern ist *bonjour* eine entscheidende Lektion in Empathie: Durch das Grüßen zwingt man ein Kind aus seiner ichbezogenen Welt heraus und bringt es dazu anzuerkennen, dass auch andere Menschen Bedürfnisse und Gefühle haben – selbst wenn es nur um den einfachen Wunsch geht, zur Kenntnis genommen zu werden. So ein *bonjour* stimmt jedes Kind auch darauf ein, dass noch andere Gebote der Höflichkeit zu beachten sind. Hat Ihr Sohn *bonjour* gesagt, ist es weniger wahrscheinlich, dass er danach mit den Schuhen auf die Couch springt. Er wurde als eigenständige Person wahrgenommen, und entsprechend benimmt er sich dann auch.

47.

Fördern Sie die Lust am Entdecken und Ausprobieren

Jahrhunderte großartiger französischer Kunst und Küche haben ihre Spuren auch in der Erziehung hinterlassen. Heutzutage lehren Eltern ihre Kinder hier in Frankreich sinnliche Genüsse wie den Geschmack neuer Speisen, das »Entdecken« ihres Körpers durch Bewegung (man könnte es auch schlicht »Sport« nennen) oder das Ausprobieren neuer Erfahrungen, etwa beim Planschen in einem Pool (übrigens lange bevor französische Kinder richtig schwimmen lernen). Und die Eltern müssen noch nicht mal viel dafür tun: Die Kinder entdecken die Welt mit allen Sinnen, wenn sie auf einer Picknickdecke herumrollen und die Grashalme studieren. Solche Erlebnisse fördern vermutlich das Entstehen von Nervenverbindungen. Viel wichtiger daran ist aber, dass die Kleinen dabei lernen, das Leben zu genießen.

48.

Lassen Sie Ihr Kind spielen

Ein bisschen Musikunterricht ist prima. Aber versuchen Sie, gerade kleineren Kindern möglichst viel Freizeit zu gewähren, um einfach nur zu spielen. »Wenn ein Kind spielt, dann baut es an sich selbst«, erklärte mir eine Pariser Erzieherin einmal. (Die Krippen lassen den Kindern hier ganz bewusst sehr viel unstrukturierte Zeit.) Die neuesten wissenschaftlichen Erkenntnisse empfehlen genau das. Ein Überblick über den aktuellen Stand der Neurowissenschaft bestätigt, dass man die Vorzüge des explorativen Spielens gar nicht hoch genug schätzen kann: Dabei lernen Kinder Ausdauer, trainieren soziales Verhalten und das kreative Lösen von Problemen; gleichzeitig vergrößern sich ihre Aufmerksamkeitsspanne und ihr Selbstvertrauen; und schließlich bekommen sie dadurch Gelegenheit, Aktivitäten allein zu meistern. Doch Spielen ist nicht nur unter dem Aspekt körperlicher und geistiger Entwicklung wichtig – es macht auch einfach Spaß.

49.

Bringen Sie Ihren Nachwuchs mit anderen Kindern zusammen

Sie wissen selbst, wie sehr Sie sich nach der Gesellschaft von Erwachsenen sehnen, wenn Sie den ganzen Tag allein mit einem Dreijährigen verbracht haben. Und jetzt stellen Sie sich vor, wie umgekehrt diesem Dreijährigen zumute ist. Französische Mütter möchten durchaus Zeit mit ihrem Nachwuchs verbringen. Aber sie halten es auch für wichtig, dass Kinder andere Menschen treffen, die sich genauso wie sie für Feuerwehrautos und Prinzessinnen-Accessoires begeistern können. Französische Eltern möchten, dass ihre Kinder lernen, wie man Freundschaften schließt, wie man sich abwechselt und wie man innerhalb einer Gruppe zurechtkommt. Viele Eltern schicken daher ihre Söhne und Töchter lieber in eine gute Krippe, als sie zu Hause allein von einem Kindermädchen oder einer Tagesmutter betreuen zu lassen.

50.

Bleiben Sie auf dem Spielplatz im Hintergrund

Französische Eltern glauben, dass, sobald ein Kind allein laufen und sicher die Leiter einer Rutsche hinaufsteigen kann, ihr Job darin besteht, ihm vom Rand beim Spielen zuzusehen. Auf den Spielplätzen in Frankreich sieht man keine Mutter, die jede Bewegung ihres Nachwuchses kommentiert, hinter ihm auf der Rutsche sitzt oder bei jeder Auseinandersetzung zu seiner Verteidigung einschreitet. Vielmehr gibt man den Kindern Gelegenheit, ihre Konflikte selbst zu lösen.

Widerstehen Sie der Versuchung, wackelige Hängebrücken zu überqueren und ständige Kommentare oder Ermutigungen von sich zu geben. Setzen Sie sich lieber auf eine Bank, schauen Sie Ihrem Kind zu und entspannen Sie sich. Dann sind Sie auch bei besserer Laune und geduldiger, falls Ihr Sohn oder Ihre Tochter Sie tatsächlich braucht.

51.

Übertreiben Sie es nicht mit der Förderung

Versuchen Sie nicht, sich ein bionisches Kind zu basteln. Schicken Sie es nicht zur Geigenstunde, und lesen Sie ihm nicht zwölf Bücher pro Tag vor, nur damit sein hypothetischer IQ steigt. Entscheiden Sie sich lieber für Aktivitäten, die Ihrer Tochter oder Ihrem Sohn Spaß machen, und achten Sie dabei auf ein ganz normales Tempo. Wenn Sie möchten, können Sie sich aus wissenschaftlichen Studien die entsprechenden Informationen holen, aber lassen Sie sich von ihnen nicht den Tagesablauf Ihres Kindes diktieren.

52.

Es geht nicht nur um Resultate

Ja, wir leben in einer von Wettbewerb geprägten Welt. Und natürlich möchten Sie Ihren Nachwuchs so vorbereiten, dass er es mit dem dreisprachig aufwachsenden Hosenscheißer von nebenan aufnehmen kann. Aber die Kindheit ist mehr als nur die Vorbereitung auf die Zukunft. Die Qualität der knapp zwei Jahrzehnte, die Sie vermutlich mit Ihrem Kind verbringen, spielt durchaus auch eine Rolle. Lernen Sie das zu erkennen und zu schätzen, was die Franzosen *moments privilégiés* nennen, Augenblicke der Freude oder Ruhe, in denen Sie einfach das Zusammensein mit Ihrem Kind genießen.

Geduld:

Warte!

Ein Grund dafür, warum das Familienleben in Frankreich viel ruhiger ist als bei uns, liegt darin, dass die Eltern hier so viel Wert auf Geduld legen. Die Fähigkeit zu warten – und damit verwandte Dinge wie Frustrationstoleranz und Belohnungsaufschub – ist in ihren Augen nichts, womit Kinder schon geboren werden (oder eben nicht). Ihrer Ansicht nach kann man all das von klein auf lernen. Französische Eltern bringen ihren Kindern deshalb Geduld genauso bei wie später das Radfahren.

Die Alternative empfindet man hierzulande als unzumutbar. Französische Eltern können sich durchaus vorstellen, wie es wäre, kein Telefonat zu Ende führen zu können, keine Tasse Kaffee in Ruhe austrinken zu können oder Kinder zu haben, die außer sich geraten, wenn man ihnen einen Schokoriegel verwehrt. Sie alle haben schon Kinder gesehen, die innerhalb von Sekunden hysterisch werden und ihre gesamte Umgebung terrorisieren, wenn sie ihren Willen nicht sofort kriegen. Solche Zustände wollen französische Eltern definitiv nicht und halten sie auch nicht für unvermeidlich. Dazu kommt, dass ein solches Verhalten in ihren Augen auch die Kinder nicht glücklich macht.

53.

Geben Sie Ihren Kindern reichlich Gelegenheit, das Warten zu üben

Das Geheimnis der Geduld besteht darin, nicht zu erwarten, dass ein Kind stoisch, starr und stumm ausharrt. Wissenschaftler haben herausgefunden, dass Kindern das Warten umso leichter fällt, je eher sie lernen, sich selbst abzulenken – indem sie ein Liedchen erfinden, vor dem Spiegel für sich selbst Fratzen schneiden oder was auch immer. Dadurch wird das Warten einfach erträglicher.

Französische Eltern scheinen das bereits zu wissen. Und sie müssen ihrem Nachwuchs noch nicht einmal beibringen, sich selbst zu beschäftigen. Sie verwenden im Alltag einfach nur sehr oft das Wort »Warte!« (im Französischen heißt das »*Attends!*«) und lassen ihre Kinder diese Fähigkeit täglich trainieren. Wenn sie dagegen alles stehen und liegen lassen würden, sobald sich der Sohn oder die Tochter über Langeweile beklagt oder lautstark seine Ungeduld kundtut, dann könnte das Kind nie gut im Warten werden, sondern nur gut im Jammern und Quengeln.

54.

Verlängern Sie Ihre Reaktionszeiten

Eignen Sie sich das französische Alltagstempo an. Wenn Sie gerade dabei sind, Rühreier zu machen und Ihre Tochter dazukommt und verlangt, dass Sie ihren Turm aus Klopapierrollen bewundern, dann erklären Sie ihr freundlich, aber bestimmt, dass Sie in ein paar Minuten zur Verfügung stehen – aber nicht sofort. Springen Sie auch beim Abendessen nicht gleich auf, wenn Ihr Nachwuchs eine Serviette will (platzieren Sie den Serviettenhalter lieber gleich so, dass sich Ihr Kind bequem selbst bedienen kann). Wenn Sie beschäftigt sind, weisen Sie Ihr Kind freundlich darauf hin, was Sie gerade tun, und bitten Sie es um Verständnis dafür.

So eine Haltung macht das Leben nicht nur entspannter. In den Augen französischer Eltern ist es auch ein notwendiger Schritt in der kindlichen Entwicklung zu begreifen, dass man nicht der Mittelpunkt des Universums ist. Ein Kind, das dies nicht lernt – und glaubt, Anspruch auf alles zu haben, was es möchte –, wird keinen Grund sehen, erwachsen zu werden.

Die Erwartungen der französischen Eltern sind absolut realistisch. Auch in Frankreich würde niemand einem kleinen Kind zumuten, sich ein Stück von Shakespeare (oder Molière) geduldig anzusehen. Es geht nur darum, einige Sekunden und später Minuten auszuhalten. Selbst wenn man das Tempo auf diese Weise nur ein wenig verringert, lernen Kinder schon, besser mit Langeweile und Frustration klarzukommen und nicht so schnell die Fassung zu verlieren. Geduld ist wie ein Muskel. Je häufiger ein Kind diesen trainiert, desto besser kann es ihn auch einsetzen.

55.

Trauen Sie Ihrem Kind Selbstkontrolle zu

Gehen Sie immer davon aus, ein intelligentes Kind zu haben. Erwarten Sie nicht, dass Ihre Tochter einfach nur nach irgendwas grapscht, sondern trauen Sie ihr zu, all die Legosteine zurück in die Kiste zu werfen. Gehen Sie in die Hocke und erklären Sie Ihrem Kleinkind, das gerade dabei ist, sämtliche Bücher aus dem Regal zu ziehen, ganz ruhig, dass es damit aufhören soll, und zeigen Sie ihm, wie man die Bücher zurückstellt. Wenn Ihr Sohn seine Trauben vom Tisch auf den Boden wirft, zeigen Sie ihm, wie man es schafft, dass die Dinger auf dem Teller bleiben. Machen Sie all das geduldig und auf Augenhöhe.

Ein Kind muss Grenzen kennenlernen, aber auch Liebe erfahren. »Ein Kind braucht sowohl Liebe als auch Frustration, um seine Persönlichkeit zu entwickeln«, lautet der Rat eines Erziehungsexperten. Kinder, die nur grenzenlose Liebe bekommen, werden bald zu kleinen Tyrannen (in Frankreich nennt man so ein Kind *enfant roi* – Kind-König).

56.

Lassen Sie sich von Ihrem Kind nicht unterbrechen

Wenn ein Kind einen Erwachsenen unterbricht (und es nicht gerade aus einer offenen Wunde blutet), dann sagen französische Eltern in ruhigem Ton zu ihm: »Ich bin gerade mitten im Gespräch. Bitte warte kurz, dann bin ich gleich für dich da.« Dieses Versprechen müssen Sie dann natürlich auch halten. Das heißt, Sie beenden in Ruhe Ihre Unterhaltung und wenden sich dann Ihrem Kind zu und hören es an. Lassen Sie Ihre Kinder auch bei Gesprächen am Tisch warten, bis sie an der Reihe sind. Oder bringen Sie ihnen zumindest bei, vorher »Entschuldigung« zu sagen, wenn es dringend ist. (Bei uns zu Hause bedeutet *dringend* in der Regel, dass der zweite Kopf des Legodrachens – ich betone immer wieder, es sei der weniger wichtige – mal wieder abgefallen ist.)

Machen Sie sich klar, dass es hier nicht nur darum geht, sich die simple Freude zu gönnen, einen Gedanken zu Ende zu führen. Sie lehren Ihren Nachwuchs auf diese

Weise auch Respekt vor seinen Mitmenschen und Aufmerksamkeit für seine Umgebung. Eine Französin erklärte mir einmal, dass sie ihren Sohn den Menschen, mit dem sie sich gerade unterhält, ansehen lässt, damit er genau merkt, was vor sich geht. »Es erleichtert einfach das Zusammenleben«, meinte sie. Diese Übungen werden Ihr Kind nicht von heute auf morgen dazu bringen, Sie niemals wieder zu unterbrechen. Aber nach und nach wird es immer mehr Gespür für Situationen, für Mögliches und Unmögliches entwickeln.

57.

Unterbrechen Sie Ihr Kind nicht

Jedes Familienmitglied hat das Recht, sich einer Sache voll und ganz zu widmen, ohne dabei unterbrochen zu werden. Ist ein Kind also gerade mit Feuereifer bei etwas, sollten die Eltern versuchen, es nicht gerade dann mit einer Frage oder einer Programmänderung zu behelligen. Das ganze Familienleben gestaltet sich weniger hektisch, wenn nicht jeder dauernd beim anderen reinplatzt.

58.

Geduld bei Tisch

Die französischen Gepflogenheiten bei Tisch sind für Kinder eine tägliche Übung in Sachen Warten. Bei den meisten Mahlzeiten kommen die Speisen als einzelne Gänge und nicht alle zugleich auf den Tisch. Man probiert alles, selbst das, was man nicht so gern mag – auch eine Form von Frustrationstraining. Wenn französische Kindern morgens Schokolade bekommen, heben sie sie sich auf und essen sie meist erst am Nachmittag zum *goûter*. Mit ein wenig Übung wird all das immer einfacher, bis es ganz natürlich und kein bisschen anstrengend mehr ist.

59.

Backen Sie zusammen Kuchen

Kuchen selbst zu backen gehört in vielen französischen Familien zu den üblichen Wochenendaktivitäten. Die Kinder werden darin einbezogen, sobald sie allein in einem Hochstuhl sitzen können. Das Abmessen der Zutaten und die Abfolge der Zubereitung sind eine exzellente Geduldsübung. Und sobald der Kuchen fertig ist, wartet die Familie bis zum *goûter*, um ihn gemeinsam zu essen. Dabei achten alle – auch die Erwachsenen – auf vernünftige Portionen (französische Eltern sind dem Nachwuchs ein Vorbild beim Maßhalten).

60.

Frustrationstoleranz – eine Kompetenz fürs Leben

Französische Eltern sorgen sich nicht darum, dass ihr Kind Schaden nehmen könnte, wenn sie ihm eine Enttäuschung zumuten. *Au contraire* ist man hierzulande davon überzeugt, dass ein Kind nicht glücklich sein kann, wenn seine Bedürfnisse immer sofort befriedigt werden müssen und es permanent Opfer seiner eigenen Launen ist. Man glaubt stattdessen, dass es Kinder mit Stolz und Freude erfüllt, wenn sie in der Lage sind, ihre Reaktionen zu beherrschen.

Wer seinen Kindern beibringt, mit Enttäuschungen fertigzuwerden, der stärkt sie auch für die Zukunft. So werden aus kleinen Kindern, die das Hinauszögern einer Belohnung akzeptieren können, Teenager, die auch Rückschläge verwinden, sich besser konzentrieren und vernünftig entscheiden. Man könnte es fast ein französisches Paradoxon nennen: Wer versucht, Kinder stets glücklich zu machen, sorgt dafür, dass sie später unglücklich sind.

61.

Reagieren Sie gelassen auf Wutanfälle

Wie überall auf der Welt sind auch die Eltern in Frankreich irritiert und gestresst, wenn ihre Kinder einen Trotzanfall haben. Auch sie kennen kein Zaubermittel, um das Geschrei zu beenden. Sie sind sich jedoch in einem Punkt einig: Man sollte einer unvernünftigen Forderung nicht nachgeben. (»Das ist das Wichtigste, lass dich davon nicht abbringen«, riet mir ein französischer Vater.) Denn Wutanfälle ändern die Regeln nicht.

Damit ist nicht gemeint, dass Sie gefühllos sein sollen. Französische Eltern finden es durchaus verständlich, dass Kinder wütend reagieren, wenn sie etwas nicht bekommen oder tun dürfen. Sie bemühen sich auch, Mitgefühl zu zeigen (»Wer würde vor dem Mittagessen nicht gern einen Keks naschen?«), und erlauben den Kindern, ihr Missfallen zu äußern. Manche Eltern fragen ihr Kind auch, ob es nicht selbst eine gute Lösung weiß. Wenn sich ein Wüterich so weit beruhigt hat, dass man mit ihm reden kann, kommen dabei oft ganz vernünftige Vorschläge heraus – man könnte den Keks zum Beispiel am Nachmittag essen.

Manchmal nützt es auch, einem gereizten Kind mehr Eigenverantwortung zu übertragen, damit sich seine Stimmung bessert. Lassen Sie es etwa bei der Zubereitung des Abendessens helfen oder den anderen die Teller füllen. Achten Sie dabei aber auf den Rhythmus Ihres Kindes. So empfiehlt es sich beispielsweise nicht, ein übermüdetes Kind zum Einkaufen oder in ein Restaurant mitzunehmen.

Wenn sich ein Wutanfall zu Hause abspielt und zu lange dauert, schicken die meisten französischen Eltern ihren Nachwuchs in sein Zimmer und tragen ihm auf, erst wieder herauszukommen, wenn er sich beruhigt hat. »Wenn 's mir zu laut wird, sage ich zu meiner Tochter: ›Geh und schrei in deinem Zimmer rum.‹ Aber ich verstehe, dass sie so wütend wird«, erklärte mir die Mutter einer Fünfjährigen. »Und üblicherweise geht sie dann auch in ihr Zimmer, wütet dort noch ein bisschen, kommt wieder heraus und tut, worum ich sie gebeten habe«, berichtete sie weiter. Wenn es einem Kind gelingt, ruhig wieder aus seinem Zimmer zu kommen, dann reagieren die Eltern hier positiv, und die Sache ist erledigt.

Kurz gesagt: Bleiben Sie ruhig, zeigen Sie Mitgefühl, aber geben Sie nicht nach.

62.

Haben Sie auch selbst Geduld

Ihr Kind wird nicht innerhalb eines Tages zum Musterbeispiel in Sachen Geduld. Warten zu lernen ist ein Teil dessen, was die Franzosen *éducation* nennen – ein permanenter Lernprozess, in dem Eltern ihren Kindern Fähigkeiten und Werte vermitteln, die nichts mit der Schulbildung zu tun haben. Zeigen Sie Ausdauer. Und wenn Sie ins Zweifeln geraten, halten Sie sich selbst die Alternative vor Augen.

Grenzen setzen:

Die Freiheit, du und ich zu sein

Wenn eine Mutter wie ein Hubschrauber dauernd um ihren Sohn kreist, dann ist in Frankreich die Wahrscheinlichkeit groß, dass ihr jemand rät: »Lass ihn doch einfach sein Leben leben!« Französische Eltern tun eine Menge für ihre Kinder, aber sie versuchen nicht, alle Hindernisse für sie aus dem Weg zu räumen. Sie betrachten Kinder vielmehr als Individuen, die mit zunehmendem Alter immer besser selbst mit Herausforderungen zurechtkommen.

Diese Autonomie entwickelt sich in einem angemessenen Tempo. Natürlich fahren auch französische Kleinkinder nicht selbst Auto oder steuern schwere Maschinen. Eltern achten sehr genau darauf, wann ihr Nachwuchs bereit für die nächste Etappe ist. Gleichzeitig gilt Selbstständigkeit als unerlässlich. Wenn Sie Ihre Kinder als fähig und vertrauenswürdig behandeln, dann reagieren diese darauf, indem sie auch mehr Verantwortung übernehmen und sich besser benehmen. Und wenn man Kindern mehr Spielraum gewährt, kann das die Familie sogar näher zusammenbringen.

63.

Übertragen Sie Ihrem Kind echte Aufgaben

Unterschätzen Sie nicht, was Kinder (mit gewisser Anleitung) alles schon können. So ist es etwa für französische Dreijährige normal, beim Einräumen der Spülmaschine zu helfen. (Und mir bekannte Mütter berichteten von sehr wenig dabei zu Bruch gegangenem Geschirr.) Eine Freundin meiner Sechsjährigen erzählte, sie würde am liebsten ganz allein den Müll rausbringen. Ein andermal schilderte das Mädchen stolz, wie ihre Mutter vor einem Laden gewartet und sie allein zum Zitronenkaufen geschickt hatte.

Solche kleinen Beweise von Selbstständigkeit sind sehr wichtig. Kinder, die sich an der Hausarbeit beteiligen, werden selbstbewusster und lernen zugleich, dass Erwachsene nicht nur dazu da sind, sie zu bedienen. Seltsamerweise empfinden Kinder diese Aktivitäten sogar als Vergnügen, auch wenn die Begeisterung leider nicht ewig anhält. Der Grundgedanke, dass ihr Beitrag im Familienalltag durchaus zählt, wird aber wahrscheinlich Bestand haben.

64.

Bauen Sie einen »cadre«

Cadre (ein Rahmen oder Gerüst) ist die Metapher, die französische Eltern für eine optimale Kindererziehung benutzen. In ein paar entscheidenden Dingen ist man sehr streng. Innerhalb des Rahmens wird den Kindern jedoch so viel Freiheit gewährt, wie man guten Gewissens verantworten kann.

Die Eltern entscheiden dabei, in welchen Punkten sie streng sein wollen. Für die Pariser, die ich bis jetzt kennengelernt habe, waren das oft der Respekt vor anderen Menschen, die Zeit, die Kinder vor einem Bildschirm verbringen dürfen, und alles, was mit Essen zu tun hat. Gewalt von Kindern gegen ihre Eltern ist kategorisch verboten.

Diese Mischung aus Strenge und Freizügigkeit lässt sich auf ganz verschiedene Situationen anwenden. Hier einige Regeln, die ich von französischen Eltern gehört habe:

- Wenn Schlafenszeit ist, bleibst du in deinem Zimmer. Dort kannst du allerdings tun, was dir gefällt.
- Du darfst am Wochenende insgesamt zwei Stunden fernsehen. Wann du das machst und welche DVD oder Sendung du dir anschaust, ist deine Sache.

- Bei jeder Mahlzeit sollst du von allem probieren, aber du musst nichts aufessen.
- Wenn wir das Haus verlassen, kann ich dir ein in meinen Augen unpassendes Outfit verbieten. Dafür darfst du zu Hause anziehen, was du möchtest.
- Süßigkeiten sind im Prinzip tabu, außer als Nachmittagssnack.
- Ich kaufe keinen überflüssigen Kram, aber du kannst solche Sachen von deinem Taschengeld erstehen. (Französische Kinder erhalten meist ab dem siebten Lebensjahr ein monatliches Taschengeld. Typischerweise orientiert sich die Summe am Alter, so bekommt ein Siebenjähriger sieben Euro im Monat.)

65.

Jeder braucht irgendein Schimpfwort

Französische Kinder bis zum Vorschulalter benutzen ganz häufig *caca boudin* – wortwörtlich: »Kackawurst«. Als Allzweckschimpfwort kann es so unterschiedliche Dinge bedeuten wie »Denkste!«, »Scheiße« oder »was auch immer«. Niemand bringt das seinem Kind bei; die Kleinen schnappen es einfach voneinander auf. Die Eltern mögen zwar zusammenzucken, wenn sie das hören, aber sie verbieten es nicht. Sie bringen ihren Kindern nur bei, wann man es benutzen darf. In manchen Familien beispielsweise nur auf dem Klo oder wenn die Kinder und ihre Freunde unter sich sind. Tabu ist es dagegen im Schulunterricht oder beim Abendessen. Kinder müssen sich an so viele Regeln halten, da braucht man manchmal einfach auch ein Wort wie *caca boudin*.

66.

Geben Sie Ihre Kinder ab

Holen Sie, wenn möglich, die Großeltern oder andere vertraute Verwandte an Bord, mit denen Ihr Nachwuchs regelmäßig Zeit ohne Sie verbringt. (In Frankreich unternehmen bereits Fünfjährige mehrtägige Klassenfahrten ganz ohne Eltern.) Geben Sie Ihren »Ersatz-Betreuern« nur einige wenige, grundsätzliche Empfehlungen und versuchen Sie, fröhliche Zuversicht auszustrahlen, wenn Sie sich von Ihren Kindern verabschieden.

Zerbrechen Sie sich nicht den Kopf darüber, dass die Oma etwas anders machen wird als Sie. Ihr Kind braucht eigentlich nur Zuneigung, Aufmerksamkeit und etwas zu essen. Beginnen Sie mit einer Übernachtung und steigern Sie das Ganze nach und nach zu einem kompletten Wochenende. »Wenn es gut läuft, kommt er schlauer zurück«, schrieb einmal ein französischer Kinderpsychologe über Drei- bis Fünfjährige in einem Artikel in einer Elternzeitschrift unter der Überschrift »Er verreist ohne Sie, und das ist gut für ihn!«. Weiter hieß es darin: »Sie werden ihn verändert finden, er wird gelernt haben, sich wie ein großer Junge zu benehmen. Er wird an Unabhängigkeit gewinnen.« Von den Vorzügen solcher Reisen für die Eltern ganz zu schweigen.

67.

Spielen Sie nicht den Schiedsrichter

Nach dem französischen Ideal sollten Erwachsene es vermeiden, die Vermittler bei den Streitereien von Kindern zu sein – egal ob zwischen Geschwistern, Schulkameraden oder Sandkastenbekanntschaften. Ein Vater berichtete mir, er würde seine fünfjährigen Zwillinge, wenn sie Streit haben, auffordern, selbst eine Lösung vorzuschlagen. (Und es fällt ihnen normalerweise auch immer etwas ein.) Lehrer und Erzieher ziehen sich hierzulande in den Pausen zurück, um den Kindern etwas dringend benötigte Freiheit zu lassen. »Wenn wir uns dauernd einmischen, drehen sie ein bisschen durch«, erklärt die Erzieherin einer Krippe.

Französische Erziehungsexperten halten Geschwisterrivalität für unvermeidlich und betrachten die Geburt eines Babys als echten Schock für ein älteres Kind. In diesem Fall empfiehlt ein Elternratgeber: »Trösten Sie das Kind, helfen Sie ihm, seine Gefühle auszudrücken, geben Sie ihm Sicherheit, erklären Sie, dass Sie seine Befürchtungen, Trauer und Eifersucht verstehen, und zeigen Sie ihm, dass solche Empfindungen ganz normal sind.«

68.

Überschätzen Sie Risiken nicht

Auch französische Eltern wissen um die Gefahr von Ersticken durch Verschlucken, von Allergien und Pädophilen. Und sie treffen entsprechende Vorsichtsmaßnahmen. Aber sie machen sich nicht mit unwahrscheinlichen Szenarien verrückt. Anstatt ihre Ängste und Sorgen ständig mit sich herumzutragen, sind sie der Meinung, Eltern sollten mit ihren Kindern über Gefahren sprechen und sich mit ihnen darüber unterhalten, wie man sich vor ihnen schützt. So schlägt beispielsweise ein französischer Experte vor, schon kleinen Kindern zu erklären, dass es Autos gibt und dass diese gefährlich sind. Und dass sie aus diesem Grund eine Straße eben nur in Begleitung von Erwachsenen überqueren dürfen.

Es macht einen fundamentalen Unterschied, ob man ein Kind gegen Gefahren wappnet oder sie total von allen möglichen Risiken abschottet. Denken Sie daran, dass Kinder an Selbstvertrauen gewinnen, wenn sie Schwierigkeiten überwinden und die Erfahrung machen, dass sie sich auf ihre eigenen Fähigkeiten verlassen können. Eine fran-

zösische Ratgeber-Autorin warnt in diesem Zusammen-
hang: »Ohne Risiken aufzuwachsen birgt das Risiko, gar
nicht erwachsen zu werden.«

69.

Ziehen Sie keine Lobsüchtigen groß

Eine französische Mutter hat mir erzählt, dass sie, anstatt »Bravo!« zu sagen, wenn ihre Fünfjährige etwas gut macht, diese lieber fragt: »Bist du stolz auf dich?« Wie so viele französische Eltern ist auch sie der Meinung, dass Kinder nicht dadurch selbstbewusst werden, dass man sie unaufhörlich lobt. Sie entwickeln Selbstvertrauen, indem sie Neues allein hinkriegen. Ein Kind zu viel zu loben kann sogar schaden. Es giert dadurch so sehr nach Ihrer Zustimmung, dass es sich nicht mehr traut, Neues zu riskieren. Oder es tut Dinge nur noch wegen des kurzen Hochgefühls, wenn Sie »Bravo!« rufen, während ihm die Motivation fehlt, sollten Sie einmal nicht zugegen sein. Natürlich sollen Sie Ihren Nachwuchs ermutigen (zu wenig Lob ist auch nicht erstrebenswert), aber übertreiben Sie es nicht.

70.

Spornen Sie Ihr Kind an, sich gut auszudrücken

Sobald ein Kind fließend spricht, geraten französische Eltern und Lehrer nicht mehr bei jeder Wortmeldung aus dem Häuschen. Schweift ein Kind völlig vom Thema ab, sagt man es ihm und versucht, es auf den Punkt zurückzubringen. In der Familienrunde beim Abendessen bekommen Kinder, die kluge Dinge äußern und sich gut ausdrücken, mehr Aufmerksamkeit geschenkt. Das ist konstruktiv gedacht. Ein Kind soll sich so zu einem interessanten Gesprächspartner entwickeln anstatt zu einem Langweiler, der nur vor sich hin schwafelt. (Auch wenn ein Junge bei seiner Großmutter damit noch durchkommt, bei späteren Verabredungen wirkt es nicht mehr sehr charmant.)

71.

Rechnen Sie damit, dass der Groschen fällt

In Frankreich nennt man dieses Aha-Erlebnis, wenn ein Kind begriffen hat, wie es etwas Wichtiges allein tun kann, *déclic*. Dann macht es klick. Bei Kleinkindern ist das der Zeitpunkt, ab dem sie keine Windeln mehr brauchen oder wissen, wie man sich mit einem Gleichaltrigen anfreundet. Bei Teenagern ist es der Moment oder die Phase, wenn man sich nicht mehr anstrengt, nur um den Eltern zu gefallen, sondern weil man den Erfolg selbst möchte. In jedem Fall ist es ein Zeichen von Reife und Unabhängigkeit. Französische Eltern erwarten und erhoffen für ihre Kinder den *déclic*. In anderen Ländern tut man das sicher auch, aber es ist hilfreich, einen so prägnanten Begriff dafür zu haben.

72.

Lassen Sie Ihren Kindern einen »geheimen Garten«

Nach Ansicht der Franzosen steht jedem Menschen ein »geheimer Garten«, also ein ganz privates Reich, zu. Das gehört zur unabhängigen Persönlichkeit. Selbst sehr engagierte Eltern akzeptieren, dass ihre Kinder Privatsphäre brauchen – vor allem mit zunehmendem Alter – und auch ein paar Geheimnisse haben müssen. Sie müssen nicht jedes Detail aus dem Leben ihrer Kinder kennen. Sie wollen nur wissen, dass im Großen und Ganzen alles in Ordnung ist.

73.

Respektieren Sie den Freiraum Ihres Kindes

Unabhängigkeit ist ein fundamentales Bedürfnis jedes Kindes. (Françoise Dolto schrieb, dass ein Kind ab seinem sechsten Lebensjahr in der Lage sein sollte, zu Hause alles selbst zu tun, was es betrifft.) Ihm – sobald es dazu in der Lage ist – diese Unabhängigkeit zu gewähren beweist Ihrem Kind, dass Sie ihm vertrauen. Zugleich ist es auch ein Ansporn für Ihren Nachwuchs. Wenn Sie diesen Respekt für das Bedürfnis Ihres Kindes nach Autonomie aufbringen, stoßen Sie im Gegenzug auch auf mehr Verständnis für Ihre eigenen Bedürfnisse. Idealerweise sollte jeder in der Familie, wie man hier zu sagen pflegt, sein Leben leben können.

Frausein:

Cherchez la femme

Französische Mütter streben eine Balance (*équilibre*) für ihr Leben an. Damit ist nicht das Kunststück gemeint, mit allen Tellern gleichzeitig zu jonglieren. Eher könnte man es mit einer ausgewogenen Mahlzeit vergleichen (niemand will immer nur Kartoffeln essen). Das französische Ideal sieht so aus, dass kein Teilaspekt des Lebens – die Rolle der Ehefrau, der Berufstätigen oder der Mutter – die anderen überlagern darf. Demnach sollten auch der hingebungsvollsten *maman* noch Energie und Leidenschaft für anderes bleiben als nur für ihren Nachwuchs.

In Frankreich gibt es die verschiedensten sozialen Einrichtungen, die Eltern dabei unterstützen. Eine weitere wichtige Hilfe ist allerdings auch die Einstellung der Französinnen zur Weiblichkeit, zu Schuldgefühlen und Freizeit. Die vorherrschende Meinung hierzulande ist, dass eine Frau, deren einziger Lebensinhalt ihr Kind ist, dadurch allen schadet – sogar dem Kind. Natürlich gelingt das richtige *équilibre* auch in Frankreich nicht allen Müttern. Entscheidend ist jedoch, dass man dieses Ziel immer im Blick behält.

74.

Schuldgefühle sind eine Falle

Für viele amerikanische und deutsche Mütter sind Schuld-
gefühle eine Art Steuer, die sie bezahlen, wenn sie Zeit
ohne ihre Kinder verbringen. Mit ihnen erkaufen sie sich
quasi ein wenig Freizeit. Solange sie sich schuldig fühlen,
weil sie ihre Kinder »verlassen«, können sie ein paar Stunden für sich haben. (Soziologen nennen diese Freizeit, in
der man sich schlecht fühlt, »kontaminierte Zeit«.)

Französische Mütter kennen dieses schlechte Gewissen
natürlich auch. Doch sie lassen sich ihre kostbare Freizeit
dadurch nicht ruinieren. Anstatt sich in Schuldkomplexen
zu ergehen, schieben sie diese lieber beiseite. Und wenn sie
sich dann mit anderen Müttern auf ein paar Drinks treffen, erinnern sie sich gegenseitig daran, dass es die perfekte
Mutter gar nicht gibt. Sie sind stolz darauf, dass sie sich
von ihren Kindern lösen und entspannen können. »Wenn
ich bei ihnen bin, gebe ich hundert Prozent, aber wenn ich
frei habe, habe ich frei«, erklärte mir dazu eine Mutter von
drei Kindern.

75.

Zeigen Sie Ihren Kindern, dass Sie ein eigenes Leben haben

Französischen Müttern genügt es nicht, Vergnügungen und Interessen abseits ihrer Kinder nachzugehen. Sie möchten auch, dass ihr Nachwuchs davon weiß. Denn ihrer Ansicht nach ist es für ein Kind belastend zu glauben, es sei der einzige Quell von Glück und Zufriedenheit seiner Mutter. (So erzählte mir beispielsweise eine alleinerziehende Pariserin, sie habe auch zum Wohl ihrer Tochter wieder begonnen zu arbeiten.)

Französinnen wollen auch anderen Erwachsenen zeigen, dass ihr Leben nicht nur aus der Mutterschaft besteht. Selbst wenn sie ihre Tage damit zubringen, winzige Socken zusammenzulegen, widerstehen sie der Versuchung, sich lang und breit über die Fortschritte in der Sauberkeitserziehung ihres Nachwuchses auszulassen. Französinnen wissen einfach, dass man tatsächlich ein faszinierendes Leben haben kann, wenn man sich so verhält (und auch so anzieht) – ganz zu schweigen von der damit verbundenen Ausgeglichenheit.

Es gibt auch ganz pragmatische Gründe für ein eigenes Leben. Manche Französinnen geben ihren Job auf, wenn sie Kinder bekommen, die meisten tun das allerdings nicht. Und selbst Frauen in ganz stabilen Partnerschaften überlegen sich, dass sie im Fall einer Scheidung finanziell nicht sehr gut abgesichert wären. Ein weiterer Gedanke ist, dass man als Frau ohne eigenes Geld innerhalb der Familie an Status und Einfluss verliert und ohne Job auch für Außenstehende weniger interessant ist.

76.

Besuchen Sie keine Kindergeburtstage

Die sind für die Kleinen gedacht. In Paris liefert man etwa ab dem dritten Lebensjahr seinen Nachwuchs bei Einladungen und Spielverabredungen nur noch ab. Eltern haben hier nicht das Gefühl, andere dabei beaufsichtigen zu müssen, wie sie ihre Kinder beaufsichtigen. Und auch die Kinder benötigen die Anwesenheit ihrer Eltern nicht zu ihrer Beruhigung. Man versichert sich, dass die Kleinen in guten Händen sind, und geht dann. Üblicherweise wird man beim Abholen kurz zu Kaffee oder einem Cocktail eingeladen.

Das ist eine überaus praktische Vorgehensweise, da sowieso alle Eltern extrem beschäftigt sind und – auch wenn es uns freut, dass die Kinder miteinander Spaß haben – wir Erwachsenen ja nicht zwingend auch befreundet sein müssen.

77.

Werden Sie die Babypfunde los

Für eine Französin gibt es keinen besseren Beweis dafür, dass sie sich eben nicht von einer *femme* in eine *maman* verwandelt hat, als die Rückkehr zu ihrer alten Figur – oder zumindest eine Annäherung an diese Formen. Unter den Pariserinnen strebt man das innerhalb von drei Monaten nach der Entbindung an.

Dabei hilft es, dass die Frauen hier in Frankreich schon während der Schwangerschaft nicht allzu viel zunehmen und dass sie danach nicht permanent erschöpft sind, weil sie nachts immer wieder aufstehen müssen. Die meisten Französinnen halten auch ganz selbstverständlich eine nicht zu entbehrungsreiche Diät: Unter der Woche essen sie ziemlich kleine Portionen, nehmen die Hauptmahlzeit mittags zu sich, naschen zwischendurch nicht und meiden Brot, Pasta sowie zuckerhaltige Speisen. An den Wochenenden allerdings (oder zumindest an einem Tag des Wochenendes) essen sie nach Lust und Laune. Anders ausgedrückt: Französinnen schwören Lasagne oder Croissants nicht auf Lebenszeit ab, sondern essen sie einfach nur zu besonderen Anlässen. Damit liegen sie ganz im Trend der neuesten wissenschaftlichen Erkenntnisse, wonach Menschen sich besser unter Kontrolle haben, wenn sie bestimmte Lebensmittel nicht komplett von ihrem Speiseplan streichen. Jüngste Studien empfehlen auch, das eigene Gewicht genau im Auge zu behalten (Französinnen nennen das schlicht »auf sich achten«).

78.

Ziehen Sie sich nicht an
wie eine Mutti

Wenn eine Französin nicht gerade ein Kind auf dem Arm hat, sieht man ihr in der Regel nicht an, dass sie Mutter ist. Es gibt keinen typischen Look oder Hosentyp für französische Mütter. Sie ziehen sich aber auch nicht übertrieben sexy an, um etwas zu kompensieren, denn in Frankreich gibt es keinen Grund dafür, warum eine Mama nicht attraktiv sein sollte. Gleichzeitig läuft hier keine Mutter in Jogginghosen und mit ungepflegten Haaren herum. Man bemüht sich um einen eleganten Kompromiss. Französinnen fühlen sich nicht als Egoistinnen, wenn sie auf ihr Äußeres achten. Gutes Aussehen hebt die Stimmung und sorgt für Ausgeglichenheit. Das ist einfach eine Tatsache.

79.

Seien Sie keine »Taxi-Mutter«

Pariser Mütter finden es absolut vernünftig, bei der Entscheidung für Kinder auch deren Auswirkungen auf ihre eigene Lebensqualität abzuwägen. Daher gilt eine Französin, die den Großteil ihrer Freizeit mit dem Herumkutschieren ihrer Kinder zu irgendwelchen außerschulischen Aktivitäten verbringt, nicht als hingebungsvolle Mutter, sondern als dramatisch aus dem Gleichgewicht geratene Person. Solche Opfer hält man hierzulande nicht einmal im Sinne der Kinder für gut.

Ja, die Kleinen profitieren vielleicht von Judounterricht und Klavierstunden, aber sie brauchen eben auch unverplante Freizeit zu Hause. Ein französischer Psychologe schrieb einmal, es sei ein fundamentaler Unterschied, ob man auf seine Kinder eingeht und ihnen Aufmerksamkeit schenkt oder ob man wie ein Automat ständig für sie verfügbar ist.

80.

Sie dürfen ruhig glücklicher sein als Ihr Kind

Das sollen und dürfen Sie wirklich. Und es macht Sie nicht zu einem schlechten Menschen. Vielmehr bedeutet es, dass Sie eine eigenständige Person mit eigenen Bedürfnissen und eigenem Temperament sind. Französische Mütter sind ausgesprochen sensibel, was die Gefühle ihrer Kinder angeht. Ihrer Ansicht nach tun einem unglücklichen Kind jedoch Objektivität und Gelassenheit am besten. Schließlich sind Sie ein Vorbild dafür, wie Ihr Sohn oder Ihre Tochter sich fühlen soll.

Beziehung:

Das Paar wiederfinden

Französische Experten sind der Meinung, dass Eltern sich in den ersten Lebensmonaten ganz und gar ihrem Baby widmen sollen, ja müssen. Denn das ist die so wichtige Bindungsphase. Manche reden hier, wie bei einem neu gewählten Präsidenten, von den »entscheidenden ersten hundert Tagen«.

Irgendwann um den dritten Lebensmonat des Kindes herum erwartet man von den Eltern allerdings, dass sie langsam auch wieder Raum für ihre eigene Beziehung schaffen. Es gibt dafür keinen fixen Zeitplan. Und natürlich will niemand, dass Sie Ihr Kleines vernachlässigen und den nächsten Flieger nach Bali in den Liebesurlaub nehmen. Es geht vielmehr darum, sein Gleichgewicht wiederzufinden, Intimität neu zu lernen – körperlich und emotional – und innerhalb des Familienalltags auch Platz für die Eltern als Paar zu finden.

81.

Das Baby ist kein Ersatz für Ihren Mann

Es ist knuddelig, hinreißend, und Sie lieben es. Trotzdem sollte ein Kind Ihren Partner nicht permanent in den Hintergrund drängen. »Die Familie gründet sich auf das Paar. Wenn sie nur noch durch die Kinder existiert, verkümmert sie«, warnt eine französische Psychologin. In vielen französischen Familien schläft das Baby ab dem dritten Monat in seinem eigenen Zimmer (bis dahin in einer Wiege oder einem Stubenwagen im Elternschlafzimmer oder im Elternbett). Dass Kinder länger bei den Eltern schlafen, ist sehr selten, denn das hält die Eltern davon ab, zur Normalität zurückzufinden.

Schließlich sind die Franzosen berühmt dafür, dass sie allen Menschen – egal ob alt, hässlich oder sogar frischgebackene Eltern – sexuelle Bedürfnisse zugestehen. Eine der führenden französischen Elternzeitschriften empfiehlt deshalb ihren Leserinnen, sich professionelle Hilfe zu suchen, sollte die Libido vier bis sechs Monate nach der Entbindung noch nicht zurückgekehrt sein.

82.

Das Schlafzimmer ist Ihr Refugium

Bewachen Sie es streng. Ihr Kind hat kein Recht, nach Belieben jederzeit dort einzudringen. Erklären Sie Ihrem Nachwuchs beispielsweise, dass er in seinem Zimmer spielen muss, bis es draußen ganz hell ist. Oder kaufen Sie Ihren Kindern einen digitalen Wecker und erklären Sie, dass sie erst ins Elternschlafzimmer kommen dürfen, wenn die erste Ziffer eine Acht ist – oder an Schultagen eine Sieben.

Es ist auch wichtig, dass Ihr Kind – etwa durch geschlossene Türen – versteht, dass ein Teil des Lebens seiner Eltern nichts mit ihm zu tun hat. »Das Schlafzimmer meiner Eltern war wie ein heiliger Ort, etwas anderes als der Rest des Hauses«, erinnerte sich eine Französin mir gegenüber. »Man spazierte da nicht einfach hinein, sondern brauchte schon einen guten Grund. Dort verband die beiden ein Vergnügen, das mit etwas einherging, das wir Kinder nicht kannten.«

Glaubt Ihr Kind dagegen, schon alles zu kennen, gibt es keine geheimnisvolle, erstrebenswerte Welt der Erwachsenen mehr. Warum sollte es sich dann überhaupt die Mühe machen, selbst groß zu werden?

83.

Machen Sie sich klar, dass Kinder eine Beziehung belasten

Die Franzosen schwärmen für Babys, aber sie thematisieren auch offen *le baby-clash*. So bezeichnet man hier das Trennungsrisiko von Paaren in den ersten beiden Jahren nach der Geburt eines Kindes wegen des Schocks, auf einmal Eltern zu sein, und wegen der dadurch verlorenen Freiheit. Selbst Experten kennen keine simple Lösung dafür, doch sie halten es auf jeden Fall für hilfreich, den Tatsachen ins Auge zu sehen – »Das liegt nicht an uns, Chérie, das ist der Baby-Clash!« – und Probleme offen anzusprechen. Sicher ist es auch förderlich, die Vertrautheit als Paar bewusst neu zu entfachen, vor allem aber sollten die Pflichten bei der Versorgung des Babys klar aufgeteilt sein.

84.

Fallen Sie dem anderen nicht in den Rücken

Welchen Unsinn Ihr Partner auch über die in der Familie geltenden Regeln von sich geben mag – widersprechen Sie ihm niemals vor den Kindern. Warten Sie ab, bis Sie unter vier Augen sind. Das Gleiche gilt natürlich auch umgekehrt. So entsteht eine Komplizenschaft zwischen Ihnen beiden als Paar. Wenn die Regeln zwischen den Eltern nicht zur Debatte stehen, wirken sie verbindlicher für die Kinder. Sie beide werden außerdem gegenüber Ihren Kindern Respekt einflößender erscheinen, weil Sie ihnen das beruhigende Gefühl geben, dass ein solider Rahmen die Familie zusammenhält.

85.

Fifty-fifty ist nicht das Maß aller Dinge

Das Gefühl, die absolute Gleichheit in Sachen Hausarbeit und Kinderbetreuung einfordern zu müssen, kann Ihnen eine Menge Wut und Auseinandersetzungen bescheren. Fifty-fifty funktioniert nur selten. Daher sollten Sie vielleicht versuchen, Ihre feministischen Theorien mit ein wenig französischem Pragmatismus abzumildern. Auch die Französinnen sähen es liebend gern, wenn ihre Partner ihnen zu Hause mehr abnähmen, aber die meisten haben ihren Frieden mit einer Arbeitsteilung gemacht, die zwar nicht ganz gerecht ist, dafür aber im Alltag funktioniert. Französische Frauen wägen die Gleichberechtigung gegen den Vorzug ab, einen Mann zu haben, der nach seinem allwöchentlichen Fußballmatch am Samstagmorgen gut gelaunt und entspannt ist. Und sie haben herausgefunden, dass es weniger Konflikte gibt, wenn zu Hause jeder bestimmte Aufgaben übernimmt. Wenn Sie sich weniger über Ihren Partner ärgern, haben Sie seltsamerweise wahrscheinlich mehr Lust auf Sex. Und das könnte wiederum Ihren Mann dazu bringen, freiwillig mehr im Haushalt zu helfen.

86.

Betrachten Sie Männer als eine besondere Spezies

Nehmen Sie der Ungleichheit der Geschlechter dadurch die Spitze, dass Sie die Männer so betrachten, wie es viele Französinnen tun: als liebenswert ungeschickte Geschöpfe, die rein biologisch nicht dazu in der Lage sind, den Überblick über den Impfkalender der Kinder zu behalten. Natürlich kommen sie mit dem falschen Müsli vom Einkaufen und bringen Erdbeeren mit, die aussehen, als habe einer mit dem Holzhammer draufgehauen. Sie sind Männer! Sie können einfach nicht anders. (Eine Französin erzählte mir mal mit gespielter Empörung, dass ihr Ehemann nur seine Seite des Bettes macht.) Französinnen empfehlen anderen Frauen auch, den Drang zu schreien zu unterdrücken, wenn sie von einer Dienstreise nach Hause kommen und ihre Wohnung in Schmutzwäsche versinkt. Möglicherweise hat der arme Kerl trotzdem wirklich sein Bestes gegeben.

87.

Männer, lobt eure Frauen dafür, wie sie den Alltag meistern

In Jahrhunderten raffinierten Liebeswerbens haben die Franzosen gelernt, dass man einer Frau gar nicht zu viel schmeicheln kann. So versuchen sie also, ihre Defizite zu Hause auszugleichen, indem sie von den langweiligen und zeitraubenden Tätigkeiten schwärmen, die ihre Partnerinnen bewältigen, und offen zugeben, dass sie selbst zu einem derartigen Multitasking nie in der Lage wären. Und sollte eine Frau keinem bezahlten Job nachgehen, sondern »nur« Hausfrau sein, dann sind die französischen Männer weise genug, sie niemals zu fragen: Und was hast *du* den ganzen Tag über gemacht?

88.

Bewahren Sie sich eine geheimnisvolle Aura

Nein, Sie sollen keine Affäre anfangen oder insgeheim schreckliche Dinge tun. Und vielleicht überrascht es Sie zu erfahren, dass die Durchschnittsfranzosen selten fremdgehen; dafür haben die französischen Präsidenten anscheinend einen besonders ausgeprägten Hang zur Untreue. Aber bewahren Sie in Ihrer Beziehung einen Rest an Geheimnis *à la française*. Das können Andeutungen sein, wissende Blicke und Unausgesprochenes. Und es ist auch in Ordnung, mit anderen zu flirten. Machen Sie sich klar, dass solche kleinen Geheimnisse Sie beflügeln, ohne unausweichlich zu Ehebruch und Mord aus Eifersucht zu führen.

89.

Am Abend ist die Zeit
für die Erwachsenen

Nachdem sie ihren Kindern vorgelesen und mit ihnen ge-
sungen und gekuschelt haben, ist für französische Eltern
das Abendprogramm des Nachwuchses abgeschlossen. In
ihren Augen ist ein wenig kinderfreie Zeit am Abend kein
seltenes Privileg, sondern ein Menschenrecht von fundamentaler Bedeutung. Das Gleiche gilt für gelegentliches
Ausgehen am Abend oder ein erholsames langes Wochenende *à deux*. Französische Eltern verabreden sich nicht
erst umständlich, sondern gehen, wenn sie können, einfach spontan aus – so wie das früher unsere Eltern auch
getan haben. Eine solide und glückliche Partnerschaft ist
in ihren Augen unerlässlich, damit es für die ganze Familie gut läuft. Erklären Sie das ruhig auch Ihren Kindern; sie
werden es verstehen.

90.

Stellen Sie kein Tipi in Ihr Wohnzimmer

Die Franzosen wissen, dass es einem schwerfällt, die »Erwachsenenzeit« zu genießen, wenn man dabei ständig eine Puppenküche im Blick hat. Daher sind hierzulande Spielsachen als dauerhaftes Wohnzimmerinventar nicht üblich. Machen Sie lieber ein Ritual daraus, sie allabendlich mit den Kindern zurück ins Kinderzimmer zu räumen. Sie können ja trotzdem eine (bitte nicht quietschbunte) Kiste ins Wohnzimmer stellen, in der Sie schnell und einfach verstreute Legosteine und Puppenutensilien verschwinden lassen können. »Kindgerecht« sollte jedenfalls nicht das Hauptkriterium Ihrer Inneneinrichtung sein.

Autorität:

Sagen Sie einfach »Non«

Ein Schlachtruf der französischen Erziehung ist: Ich bin es, der hier entscheidet (*C'est moi qui décide*). Eltern sagen diesen Satz – und schreien ihn auch gelegentlich –, um alle Anwesenden daran zu erinnern, wer das Sagen hat, oder um ein Kräftemessen mit den Kindern zu beenden. Allein diese Worte auszusprechen wirkt schon bestärkend. (Versuchen Sie es mal laut, vielleicht sogar auf Französisch. Sie werden merken, wie sich dadurch Ihre Schultern straffen.)

Um der Bestimmer zu sein, muss man sich nicht in ein Monster verwandeln. Auch französische Eltern wünschen sich keine willenlosen Roboter als Kinder. Aber sie sind nach wie vor einer Meinung mit Jean-Jacques Rousseau, der schon vor 250 Jahren zu dem Schluss kam, dass ständige Verhandlungen einem Kind schaden: »Die schlechteste Erziehung besteht darin, es zwischen seinem und Ihrem Willen in der Schwebe zu lassen und endlos mit ihm darüber zu disputieren, wer von Ihnen beiden der Meister ist.«

91.

Sagen Sie mit Überzeugung »Nein«

Die Franzosen haben das *non* nicht erfunden. Aber sie sind sehr gut darin, es zu benutzen, denn sie machen sich keine Sorgen darüber, dass es die Kreativität eines Kindes einschränken oder sein Gemüt verfinstern könnte, wenn man ihm Grenzen aufzeigt. Vielmehr glaubt man hierzulande, dass Kinder innerhalb klarer Grenzen sogar am besten gedeihen und dass es für den Nachwuchs ein beruhigendes Gefühl ist zu wissen: Am Steuer des Schiffes steht ein Erwachsener.

Das französische *non* ist wohl auch deshalb so überzeugend, weil die Eltern es nicht permanent im Munde führen. Ihrer Ansicht nach werden einige wenige, strategisch ausgesprochenen Neins von Kindern viel eher gehört als ein Schneegestöber von Verboten. Das wahre Geheimnis besteht aber in der Eindeutigkeit der Aussage. Kinder merken genau, ob Sie wirklich Nein meinen und zu keinerlei Verhandlungen bereit sind. Dazu müssen Sie nicht einmal laut werden. Sehen Sie Ihrem Kind nur direkt in die Augen; wenn nötig, gehen Sie dazu ruhig in die Hocke. Und dann erklären Sie die geltende Regel gelassen und voller Selbstvertrauen. Das erfordert ein wenig Übung, aber Sie merken es selbst, wenn Sie das richtige Nein erst einmal draufhaben. Das klingt dann nicht nur für Ihre Kinder nach mehr Autorität, sondern Sie werden auch selbst davon überzeugt sein, dass Sie der Boss sind.

92.

Sagen Sie so oft wie möglich »Ja«

Die Franzosen glauben, dass es noch einen weiteren Schlüssel zu mehr Autorität gegenüber ihren Kindern gibt, und zwar: so oft wie möglich etwas zu erlauben. (Ein Experte hat einmal auf die Wortverwandtschaft von *Autorität* und *autorisieren* hingewiesen.) Man muss sich ein wenig umstellen, damit die Antwort überhaupt »Ja« lauten kann. Aber letztlich profitiert man von der positiven Wirkung: Das Kind fühlt sich respektiert und kann seinem Bedürfnis, etwas allein zu tun, nachkommen. Totale Freiheit wäre natürlich zu viel des Guten. Daher sieht das ideale Szenario der typisch französischen Erziehung vor, dass ein Kind um Erlaubnis fragt, etwas tun zu dürfen, und die Eltern ihm diese gern geben.

93.

Erklären Sie die Gründe
Ihrer Regeln

Wenn Sie Nein sagen, sollten Sie Ihrem Kind immer auch erklären, warum. Denn es geht ja nicht darum, Ihr Kind einzuschüchtern, damit es gehorcht. Sie wollen ihm ja vielmehr ein Umfeld bieten, das es versteht und das aus kindlicher Perspektive vorhersehbar ist; und gleichzeitig möchten Sie ihm zeigen, dass Sie seine Eigenständigkeit und seine Intelligenz respektieren.

In einer gefährlichen Situation handeln Sie natürlich unverzüglich und nennen Ihre Gründe erst hinterher. Bleiben Sie dabei immer sachlich: Ihre Erklärung soll nicht wie ein Teil einer Verhandlung klingen (denn das ist sie schließlich auch nicht). Oft hilft es auch, die Regeln den Kindern gegenüber wieder aufzufrischen. Eine französische Mutter berichtete mir, dass sie ihre beiden Töchter beim Betreten eines Supermarkts jedes Mal daran erinnert, dass sie in den Laden gehen, um Lebensmittel zu besorgen, nicht um Spielzeug oder Süßigkeiten zu kaufen. Das hat sie mit solcher Konsequenz getan, dass ihre Mädchen inzwischen nicht einmal mehr nach solchen Extrawünschen fragen. (Sie dürfen sich diese Dinge aber von ihrem Taschengeld selbst kaufen.)

Im Gespräch mit ihren Kindern reden französische Eltern oft von Rechten: »Du hast kein Recht, Pierre zu beißen.« Das setzt voraus, dass es ein schlüssiges Regelsystem gibt und dass Kinder das Recht haben, andere Dinge zu tun.

94.

Manchmal wird Ihr Kind Sie hassen

Auch französische Psychologen wissen, dass die Wünsche von Kindern de facto grenzenlos sind. Ihre Aufgabe als Eltern besteht darin, diese Maßlosigkeit gelegentlich durch ein Nein zu stoppen. Darauf reagiert Ihr Kind wahrscheinlich wütend. Möglicherweise hasst es Sie sogar zeitweise. Doch das ist kein Zeichen dafür, dass Sie schlechte Eltern sind. »Wenn kein Elternteil da ist, um ihm Einhalt zu gebieten, dann muss das Kind sich selbst stoppen oder auch nicht stoppen, was beides sehr viel mehr Verunsicherung erzeugt«, erklärt ein Psychologe.

Oder mit anderen Worten: Falls Sie davon abhängig sind, dass Ihr Kind Sie immer nur mag, dann können Sie Ihrer Aufgabe als Mutter oder Vater nicht gerecht werden. Seien Sie stark, dann wird auch Ihr Kind, wie man in Frankreich sagt, »seinen Platz finden«.

95.

Entdramatisieren Sie

Dieser Begriff wird in Frankreich viel verwendet, wenn vom Umgang mit aufgebrachten oder unleidlichen Kindern jeglichen Alters die Rede ist. Dahinter steht die Vorstellung, dass man Konfliktsituationen entschärfen kann, indem man gelassen reagiert oder die Stimmung mit einem Scherz auflockert.

Vermeiden Sie es auch, Ihre Kinder vor Dritten heftig zu kritisieren. So erzählte mir eine französische Mutter, sie hätte vermutet, dass ihre Teenager-Tochter bei einer Übernachtungsparty geraucht habe. Die Mutter wartete jedoch, bis die Freundin der Tochter am nächsten Morgen wieder weg war, bevor sie das Thema anschnitt. »Wenn Sie ihm öffentlich eine Szene machen, wird Ihr Kind sich weigern, mit Ihnen zu reden«, erklärte sie.

Streben Sie nach Autorität, aber verlieren Sie dabei nicht die Verbindung zu Ihrem Kind. Sollten Sie einmal so wütend sein, dass Sie erst Zeit für sich brauchen, um wieder runterzukommen, dann sagen Sie das Ihren Kindern ruhig genau so. »Ich glaube, die Welt der Kinder unterscheidet sich gar nicht so sehr von der der Erwachsenen. Sie sind in der Lage, alles zu verstehen«, fügte die erwähnte Mutter noch hinzu.

96.

Drillen Sie Ihre Kinder nicht

Wenn Ihr Kind das nächste Mal beim Essen mit dem Mund voller Spaghetti spricht, denken Sie daran, dass Sie ihm Tischmanieren genauso Schritt für Schritt beibringen sollten, wie Sie das beispielsweise mit Mathematik machen. Ihr Kind lernt so etwas nicht von heute auf morgen. Oder wie die Franzosen zu sagen pflegen: Man diszipliniert sein Kind nicht, sondern gibt ihm eine *éducation*. Und Letztere ist ein fortdauernder Prozess, der schon beginnt, wenn die Kinder noch sehr klein sind. Im Unterschied zum Disziplinieren ist die *éducation* (die im Übrigen nichts mit der Schule zu tun hat) eine Tätigkeit, die Eltern permanent ausüben.

Wenn Sie sich daran erinnern, dass Sie Ihr Kind über Jahre hinweg anleiten und erziehen, fühlen Sie sich weniger missachtet oder verärgert, wenn die eine oder andere Gurkenscheibe auf dem Schoß Ihres Kindes landet (oder auf Ihrem).

Stürzen Sie sich nicht wegen jeder Verfehlung auf Ihr Kind. Die Franzosen nennen kleine Frechheiten oder Streiche *bêtises*. Meiner Ansicht nach hilft allein schon dieses Wort, solche Fehltritte nicht überzubewerten. Wenn Ihr Kind auf der Couch Trampolin springt oder sich direkt vor dem Abendessen ein Stück Brot aus dem Korb stibitzt, dann ist das bloß eine *bêtise*. So etwas machen alle Kinder hin und wieder. Heben Sie sich deshalb Strafen für wirklich schlimme Sachen auf. So werden auch Ihre Kinder lernen, Wichtiges von weniger Wichtigem zu unterscheiden.

97.

Machen Sie große Augen

In Frankreich gilt es als angemessene Reaktion auf eine *bêtise*, ein Kind mit großen Augen anzusehen. Damit ist dieser bestimmte, missbilligende Eulenblick gemeint, den jedes Kind als Warnung versteht. Er bedeutet, Sie haben gesehen, was es getan hat, und der kleine Übeltäter soll sich in Acht nehmen. »Das Wichtige daran ist, dass sie merkt, sie hat eine Grenze überschritten«, erklärte mir eine befreundete Mutter diese Reaktion ihrer Tochter gegenüber.

98.

Ihr Kind
ist kein Befehlsempfänger

Sie managen eine Familie, kein Kampfbataillon. Also erwarten Sie auch nicht, dass Ihr Sohn oder Ihre Tochter wie auf Kommando springt, sobald Sie einen Auftrag erteilen. Erklären Sie lieber, warum Sie möchten, dass er oder sie etwas Bestimmtes tut. Danach warten Sie beobachtend ab, ob Ihr Kind Ihrem Wunsch nachkommt. Natürlich üben Sie mit Ihrer Forderung einen gewissen Druck aus. Aber gleichzeitig vermitteln Sie Ihrem Kind auf diese Weise, dass es selbstständig entscheiden kann, wie und in welchem Tempo es Ihrer Bitte nachkommt. Wenn Ihr Kind dadurch das Gefühl bekommt, dass es auch etwas zu sagen hat, wirkt sich das langfristig positiv auf Ihr Familienleben aus.

99.

Strafen Sie selten, aber mit Nachdruck

Wird ein Kind *puni* (bestraft), dann ist das in einer französischen Familie eine große Sache. Üblicherweise passiert es auch nicht jeden Tag beim Abendessen. Experten empfehlen, unmittelbar, angemessen und nüchtern, also ohne Wut zu strafen. Französische Eltern schicken ein ungezogenes Kind normalerweise in sein Zimmer, damit es dort »ausraucht« oder über sein Verhalten nachdenkt; meist sagt man ihm auch noch, es könne zurückkommen, sobald es sich beruhigt hat und in der Lage ist, sich vernünftig zu unterhalten. Bei älteren Kindern besteht eine Strafe oft in ein paar Tagen ohne Fernsehen, Computer oder Videospiele oder darin, dass der Teenager eine Woche ohne sein Handy auskommen muss.

Französische Eltern berichten mir, dass sie grundsätzlich versuchen, ihre Kinder vor einer Bestrafung immer erst zu verwarnen, und ihre Drohung auch konsequent wahrzumachen. Gleichzeitig bemüht man sich seitens der El-

tern auch um Fairness – etwa indem das Handy am verein-
barten Tag wirklich dem Kind zurückgegeben wird. Nach
einer Auseinandersetzung betrachtet man es in Frankreich
als Aufgabe der Eltern, die Verbindung zwischen den Par-
teien wiederherzustellen, zum Beispiel indem sie vorschla-
gen, zusammen ein Lieblingsspiel zu spielen. Zeigen Sie
Ihren Kindern so, dass nach einem Gewitter auch wieder
die Sonne scheint.

100.

Manchmal können Sie einfach nichts tun

Lernen Sie zu erkennen, wann Sie auf verlorenem Posten kämpfen. Es gibt eben Phasen, in denen nichts funktioniert und Sie einfach abwarten müssen. Denken Sie immer daran, dass Kindererziehung eine langfristige Mission ist. Dabei müssen Sie nicht jede Schlacht gewinnen.

Lieblingsrezepte
aus einer
Pariser »crèche«

Die folgenden Gerichte essen Kinder im Alter bis zu drei Jahren in Pariser Kinderbetreuungseinrichtungen. Üblicherweise werden sie von Köchinnen oder Köchen vor Ort frisch zubereitet und dann als viergängiges Menü, bestehend aus Vorspeise, Hauptgericht mit Beilage, Käse und Obst als Dessert (Kinder unter zwölf Monaten bekommen nur zwei Gänge), aufgetischt. Die Ernährungsberaterin einer *crèche* hat die Mengen für das Abendessen einer Familie umgerechnet; jedes Rezept ist für zwei Erwachsene und zwei Kinder gedacht.

Vorspeisen und Beilagen

Carottes rapées à l'orange
Geraspelte Karotten mit Orange

3 Karotten
2 Esslöffel Pflanzenöl
Saft einer Orange
¼ Knoblauchzehe, gepresst oder gehackt (oder eine
Prise getrockneter Knoblauch)
1 Prise Salz

Karotten waschen, schälen und raspeln.

Öl, Orangensaft, Knoblauch und Salz in einer kleinen
Schüssel verrühren.

Anschließend diese Marinade über die Karottenraspel gießen und alles miteinander vermischen.

(Das Gericht lässt sich frisch zubereiten, aber es schmeckt
auch köstlich, wenn es über Nacht durchgezogen ist.)

Velouté d'artichaut à la crème
Artischocken-Cremesuppe

1 große rote Kartoffel
2 Schalotten, fein gehackt
2 Esslöffel Olivenöl
6 Artischockenböden aus dem Glas oder aus der Dose, gewürfelt
600 ml Wasser
Salz
2 Esslöffel Crème fraîche (oder Sauerrahm)
frische Kräuter (Petersilie, Basilikum oder Koriander), gehackt

Die Kartoffel waschen, schälen und in Stücke schneiden.

Die Schalotten in etwas Olivenöl in einer großen Kasserolle anschwitzen, bis sie weich sind.

Kartoffelstücke und Artischocken dazugeben. Das Ganze zwei, drei Minuten lang sautieren.

Nun das Gemüse mit Wasser bedecken, salzen, und alles circa 40 Minuten lang kochen lassen. Danach die Crème fraîche unterrühren.

Die Suppe mit den Kräutern bestreut servieren.

Broccoli braisé
Geschmorter Brokkoli

450 g Brokkoli, frisch oder tiefgekühlt
Salz
1 Esslöffel Butter

Den frischen Brokkoli 4 bis 5 Minuten dämpfen oder 5 bis
6 Minuten in kochendem Wasser blanchieren. (Tiefgekühl-
tes Gemüse 8 bis 10 Minuten dämpfen oder 10 bis 12 Minuten blanchieren.) Der Brokkoli soll noch bissfest sein. Ein
wenig vom Kochwasser aufheben, ansonsten den Brokkoli
gut abtropfen lassen. Salzen.

Butter in einer Pfanne schmelzen lassen und den Brokkoli
bei mittlerer Hitze darin sautieren, bis er die gewünschte
Konsistenz hat. Sollte das Gemüse noch zu hart sein, etwas
von dem Kochwasser dazugeben und noch eine Minute
lang köcheln lassen.

Hauptgerichte

Coulis de tomates
Tomatensoße

    4 große, vollreife Tomaten (oder eine Dose geschälte
    Tomaten in Stücken)
    3 Esslöffel Olivenöl
    1 Knoblauchzehe, geschält
    ½ Teelöffel Thymian, gehackt
    ½ Teelöffel Petersilie, gehackt
    1 Lorbeerblatt
    ½ Esslöffel Zucker
    Salz und Pfeffer

Frische Tomaten kreuzweise einschneiden und 30 Sekunden lang in kochendes Wasser tauchen. So lässt sich die Schale leicht abziehen. Entkernen und in Stücke schneiden.

Das Öl in einem Topf erhitzen. Knoblauch, Thymian, Petersilie, Lorbeerblatt, Tomaten und Zucker dazugeben. Nach

Geschmack salzen und pfeffern. Dann die Soße zugedeckt bei schwacher Hitze 20 bis 25 Minuten lang köcheln lassen.

Vor dem Servieren das Lorbeerblatt und die Knoblauchzehe entfernen.

Saumon à la créole
Lachs auf kreolische Art

Wegen der vielen Köchinnen, die aus der französischen Karibik stammen, ist dieses Gericht inzwischen ein Klassiker in den Pariser *crèches*.

1 mittelgroße Zwiebel, gehackt
2 Esslöffel Sonnenblumen- oder Olivenöl
250 ml geschälte, in Stücke geschnittene Tomaten
(frisch oder aus der Dose)
½ Teelöffel Thymian, gehackt
1 Lorbeerblatt
½ Teelöffel Petersilie, gehackt
Salz und Pfeffer
3-4 Lachsfilets, frisch oder tiefgekühlt
Saft einer Zitrone

Backofen auf 200 °C vorheizen.

Dann das Öl in eine große Pfanne geben und die Zwiebel darin anbraten.

Tomaten, Thymian, Lorbeerblatt, Petersilie dazugeben. Salzen und pfeffern. Das Ganze zugedeckt 15 Minuten köcheln lassen.

Fischfilets in eine ofenfeste Form geben und mit Zitronensaft beträufeln. Die Tomatenmischung darüber verteilen. Die Form mit einem Stück Alufolie bedecken und den Fisch im Ofen garen. Frischer Lachs braucht etwa 20 Minuten, tiefgefrorener ungefähr 40 Minuten.

Vor dem Servieren das Lorbeerblatt entfernen sowie eventuell noch vorhandene Gräten.

Mit etwas Petersilie oder Schnittlauch bestreut servieren. Dazu passen Reis und Gemüse (empfehlenswert ist der geschmorte Brokkoli, siehe Seite 190).

Flan de courgettes
Zucchini-Auflauf

3 mittelgroße Zucchini
2 Schalotten, fein gehackt
2 Esslöffel Olivenöl
4 Eier
200 ml Crème fraîche (oder Sauerrahm)
¼ Teelöffel Salz
¼ Teelöffel Muskat
60 Gramm geriebener Käse (z. B. Gruyère)

Den Backofen auf 180 °C vorheizen.

Zucchini waschen und schälen. Anschließend das Gemüse im Ganzen entweder 9 Minuten dämpfen oder 15 Minuten lang in Wasser kochen. Abtropfen lassen und in dünne Scheiben schneiden.

Nun die Schalotten im Olivenöl hellgelb anschwitzen.

In einer Schüssel Eier, Crème fraîche, Salz und Muskat verrühren. Die Schalotten hinzufügen und vorsichtig untermengen.

Eine ofenfeste Form mit Backpapier auslegen oder einfetten. Eine Lage Zucchinischeiben darin verteilen und mit der Eiermischung bedecken. Darauf die nächste Schicht Zucchini legen usw., bis alles aufgebraucht ist.

Am Schluss mit dem geriebenen Käse bestreuen und 30 bis 40 Minuten überbacken.

Nach Wunsch – und das ist sehr zu empfehlen – jede Portion mit einem Löffel warmer Tomatensoße (siehe Seite 185) servieren.

Potage complet lentilles
Linseneintopf

2 Schalotten, gehackt
Olivenöl
300 Gramm Linsen
2 Kartoffeln, geschält und gewürfelt
1,2 Liter kaltes Wasser
1 Knoblauchzehe, gehackt
schwarzer Pfeffer
½ Teelöffel Cumin
2 Karotten, geschält und gewürfelt
Salz
½ Becher Crème fraîche (oder Sauerrahm)
1 Hähnchenbrust ohne Knochen, gewürfelt
Petersilie, gehackt

Schalotten in einem großen Topf in etwas Olivenöl anschwitzen. Linsen und Kartoffeln dazugeben und mit dem kalten Wasser aufgießen.

Knoblauch, schwarzen Pfeffer, Cumin und Karotten hinzufügen.

Das Ganze zum Kochen bringen und zugedeckt bei mittlerer Hitze garen, bis die Kartoffeln und die Linsen weich sind. Bei Bedarf noch etwas Wasser dazugeben.

Salzen und die Crème fraîche unterrühren. (Eine andere Möglichkeit ist ein Klecks Crème fraîche auf jeder Portion.)

Während der Eintopf kocht, das Hähnchenfleisch in etwas Olivenöl anbraten, bis es braun und knusprig ist.

Die Suppe auf Teller verteilen, jeweils ein paar Fleischstückchen hinzufügen und mit frischer Petersilie bestreut servieren.

Desserts

Purée de poire et banane
Birnen-Bananen-Püree

  2 große oder 3 kleine Birnen
  2 Bananen
  Saft einer ½ Zitrone
  60 ml Wasser

Birnen und Bananen schälen und in Stücke schneiden.

Dann alle Zutaten zusammen in einen Topf geben und das Ganze bei schwacher Hitze 15 bis 20 Minuten lang kochen. Zwischendurch gelegentlich umrühren.

Nun das Püree vom Herd nehmen und ein paar Minuten auskühlen lassen.

Wenn es nicht mehr dampft, das Püree in kleine Schälchen geben und zugedeckt bis zum Servieren kalt stellen.

Pomme au four à la cannelle
Gebackener Apfel mit Zimt

4 Äpfel (am besten eine mürbe Sorte, die sich gut zum
Backen eignet)
20 Gramm Butter
4 Teelöffel Zucker
Zimt, gemahlen

Den Backofen auf 180°C vorheizen.

Die Äpfel waschen und vom Stiel her entkernen, dabei die
Frucht aber nicht ganz aushöhlen.

Die Butter und den Zucker gleichmäßig auf alle Äpfel verteilen und ein wenig Zimt drüberstreuen.

Den Boden einer ofenfesten Form mit Wasser bedecken
(damit die Äpfel nicht kleben bleiben) und die Äpfel hin-
einstellen.

Etwa 20 bis 30 Minuten backen, bis die Äpfel weich sind.

Das Obst aus der Form nehmen und warm oder kalt genießen.

Gâteau au chocolat
Schokoladenkuchen

etwas Butter und Mehl zum Einfetten und Ausstreuen
der Backform
160 Gramm dunkle Kochschokolade
100 Gramm Butter
80 Gramm Zucker
40 Gramm Mehl
3 große (oder 4 kleine) Eier, getrennt
Salz
Schlagsahne oder Crème fraîche nach Belieben

Den Backofen auf 180°C vorheizen. Eine runde Backform
(⌀ 16 cm) einfetten und mit wenig Mehl ausstreuen.

Die Schokolade zusammen mit der Butter in der Mikro-
welle schmelzen oder bei schwacher Hitze im Wasserbad.
Anschließend die Mischung vom Herd nehmen und den
Zucker und das Mehl mit einem Holzlöffel unterrühren.
Die Eigelb nacheinander unter die Masse schlagen.

In einer Extraschüssel das Eiweiß mit einer Prise Salz sehr
steif schlagen und anschließend vorsichtig unterheben.
Nicht zu lange rühren.

Den Teig in die Form gießen und circa 30 Minuten backen.

Vor dem Servieren abkühlen lassen. Den *gâteau* mit einem Klecks Schlagsahne oder Crème fraîche anrichten.

Speiseplan
einer Pariser »crèche«

Montag

Ab 18 Monaten:

Tomatensalat mit Zitrone und Kräutern

~

Seehechtfilet mit Zitronen-Butter-Soße

Spinat mit Béchamelsoße

~

Mimolette (orangefarbener französischer Hartkäse
aus Kuhmilch)

~

Püree aus Äpfeln und Erdbeeren

12 bis 18 Monate:

Tomatensalat mit Zitrone und Kräutern

~

Zerkleinertes Filet vom Seehecht mit Zitronensoße

Rahmspinat

~

Brie

~

Püree aus Äpfeln und Erdbeeren

Unter 12 Monaten:

Püriertes Seehechtfilet mit Zitronensoße

~

Rahmspinat

~

Püree aus Äpfeln und Erdbeeren

Dienstag

Ab 18 Monaten:

Lauchcremesuppe
~
Putengeschnetzeltes mit Basilikumsoße
Ratatouille mit Reis
~
Chanteneige (ein weißer Streichkäse)
~
Frische Kiwi

12 bis 18 Monate:

Lauchcremesuppe
~
Putengeschnetzeltes mit Basilikumsoße
Zucchinipüree
~
Chanteneige
~
Frische Kiwi

Unter 12 Monaten:

Püriertes Putenfleisch mit Basilikumsoße
~
Zucchinipüree
~
Püree aus Birnen und Äpfeln

Mittwoch

Ab 18 Monaten:

Rotkrautsalat mit Hüttenkäse
~
Lammfleisch mit Karotten und Tomaten
Couscous
~
Weißer *Tomme* (Hartkäse aus Kuhmilchkäse)
~
Kompott aus Bananen und Rhabarber

12 bis 18 Monate:

Rotkrautsalat mit Hüttenkäse
~
Lammfleisch mit Karotten und Tomaten
Pilzpüree
~
Weißer *Tomme* (Hartkäse aus Kuhmilchkäse)
~
Kompott aus Bananen und Rhabarber

Unter 12 Monaten:

Fein gehacktes Lammfleisch mit Karotten und Tomaten
~
Pilzpüree
~
Kompott aus Bananen und Rhabarber

Donnerstag

Ab 18 Monaten:

Bulgursalat mit Tomaten und grünem Paprika

~

Gratin aus Chicorée und Schinken

~

Roquefort

~

Frische Clementine

12 bis 18 Monate:

Mazedonischer Salat (aus grünen Bohnen, Karotten, Sellerie
und Grünkernbohnen in Zitronendressing)

~

Schinkenwürfel

Endivienpüree

~

Roquefort

~

Frische Clementine

Unter 12 Monaten:

Fein gehackter Schinken

~

Endivienpüree

~

Püree aus Äpfeln und Clementinen

Freitag

Ab 18 Monaten:

Salat aus geraspelten Karotten

~

Lachsfilet in Zitronen-Dill-Soße

Schmetterlingsnudeln mit Butter

~

Ziegenkäse

~

Gebackener Apfel

12 bis 18 Monate:

Fein geraspelter Karottensalat

~

Zerkleinertes Lachsfilet in Zitronen-Dill-Soße

Brokkolipüree

~

Ziegenkäse

~

Gebackener Apfel

Unter 12 Monaten:

Püriertes Lachsfilet in Zitronen-Dill-Soße

~

Brokkolipüree

~

Apfelmus

Merci

Dieses Buch verdankt seine Existenz Ann Godoff, Suzanne Gluck, Marianne Velmans und Virginia Smith – sie haben das Manuskript heldenhaft redigiert, während sie von einem Hurrikan eingeschlossen waren.

Mein Dank gebührt auch der Ernährungsexpertin Sandra Merle von der Direction des Familles et de la Petite Enfance in Paris, die mir die Rezepte zur Verfügung stellte und geduldig all meine Fragen dazu beantwortete. Dankbar bin ich außerdem Claire Smith, die diese Rezepte getestet hat (sowie der kleinen Kate und anderen Kindern, die sie probiert haben). Ich bedanke mich bei Adam Kuper und Sapna Gupta, die das Manuskript kommentierten, außerdem bei Sarah Hutson, Aislinn Casey und Kate Samano. Meiner unermüdlichen Illustratorin Margaux Motin möchte ich sagen: Danke, dass meine Beine auf den Bildern doppelt so lang wirken, wie sie in Wirklichkeit sind.

Ausgesprochen dankbar bin ich den Lesern von *Warum französische Kinder keine Nervensägen sind* für all ihre Fragen, Anmerkungen, Geschichten und Ermutigungen, die sie mir geschickt haben. Ihr Enthusiasmus hat mich bewogen, dieses Buch zu schreiben. *Merci* auch an die vielen französischen Eltern, die meine Fragen beantwortet und mir erlaubt haben, sie in ihrem privaten Umfeld zu beobachten, unter anderem Frédérique Souverain, Ingrid Callies, Christophe Delin, Solange Martin, Esther Zajdenweber, Cécile Agon, Christophe Dunoyer, Aurèle Cariès, Benjamin Barda und Véronique Bouruet-Aubertot.

Das Paradoxe am Verfassen eines Elternratgebers ist, dass man die eigene Familie vernachlässigen muss, um ihn schreiben zu können. Deshalb gebührt mein Dank wie immer Bonnie und Hank. Danke, Leo, Leila und Joey, für eure Geduld (und Liebe). Am meisten aber danke ich Simon – ihrem Vater und meinem Mann. *Après toi, le déluge.*

Bibliografie

Badinter, Elisabeth. *Der Konflikt, die Frau und die Mutter.* München 2012.

Baumeister, Roy F., und John Tierney. *Die Macht der Disziplin. Wie wir unseren Willen trainieren können.* Frankfurt 2012.

Bloom, Paul. »Moral Life of Babies.« *New York Times Magazine*, May 3, 2010. http://nytimes.com/2010/05/09/magazine/09babies-t.html?pagewanted=all

Bronson, Po, und Ashley Merryman. *10 schockierende Wahrheiten über Erziehung. Was eine Stunde Schlaf mit ADS zu tun hat, warum Sie Ihr Kind besser nicht loben sollten und warum besonders gut gemeinte Erziehung keine ›Engel‹ produziert.* München 2010.

Brunet, Christine, und Nadia Benlakhel. *C'est pas bientôt fini ce caprice ? Les calmer sans s'énerver.* Paris, 2005.

Carroll, Raymonde. *Cultural Misunderstandings: The French-American Experience.* Chicago 1990.

Delahaye, Marie-Claude. *Livre de bord de la future maman.* Paris 2007.

De Leersnyder. *L'enfant et son sommeil.* Paris 1998.

Dolto, Françoise. *Wenn die Kinder älter werden: Alltagsprobleme in Schule, Familie und Freizeit.* Weinheim/Basel 1998.

Dolto, Françoise, und Danielle Marie Lévy. *Parler juste aux enfants.* Paris 2002.

Famili.fr. »La reprise de la sexualité après bébé.« http://www.famili.fr/,la-reprise-de-la-sexualite-apres-bebe,438,10193.asp.

Famili.fr. »Devenir parents et rester amants?« http://www.famili.fr/,devenir-parents-et-rester-amants,599,280849.asp.

Gallais, Marie. »Impossible de s'occuper seule.« *Parents,* Oktober 2012, 99-100.

Gravillon, Isabelle, et al. »Nos enfants sont-ils trop protégés?« *Enfants Magazine,* September 2012, 56–57.

Haberfeld, Ingrid. »Quel est l'impact du stress sur la grossesse?« *Parents,* April 2012, 60–61.

Heckman, James J. »Schools, Skills and Synapses.« http://www.heckmanequation.org/content/resource/presenting-heckman-equation.

Henry, Dominique. »Il part sans vous, et c'est bon pour lui!« *Famili,* August/September 2012, 104–106.

Kahneman, Daniel, und Alan B. Krueger. »Developements in the Measurement of Subjective Well-Being.« *Journal of Economic Perspectives* 20, 1 (2006): 3–24.

Marcelli, Daniel. *Il est permis d'obéir.* Paris 2009.

Marchi, Catherine. »12 conseils pour faire le bonheur de votre enfant.« *Parents*, August 2010, 52–54.

Merle, Sandra. Interview mit der Autorin. 20. September 2012.

Mindell, Jodi, et al. »Behavioral Treatment of Bedtime Problems and Night Wakings in Young Children: AASM Standards of Practice.« *Sleep* 29 (2006): 1263–1276.

Mischel, Walter. Interview mit der Autorin. 20. Juli 2010.

Mon enfant à l'école maternelle. http://cache.media.education.gouv.fr/file/Espace_parent/35/9/Guide_pratique_des_parents_ecole_maternelle_227359pdf.

National Institutes of Health. »Child Care Linked to Assertive, Noncompliant, and Aggressive Behaviors: Vast Majority of Children Within Normal Range.« July 16, 2003.

Ochs, Elinor, and Carolina Izquierdo. »Responsibility in Childhood: Three Developmental Trajectories.« Ethos 37, no. 4 (2009): 391–413.

Ollivier, Debra. *What French Women Know About Love, Sex, and Other Matters of Heart and Mind.* New York 2009.

Pernoud, Laurence. *J'élève mon enfant.* Paris 2007.

Pinella, Teresa, und Leann L. Birch. »Help Me Make It Through the Night: Behavioral Entrainment of Breast Fed Infants Sleep Patterns.« *Pediatrics* 91, no. 2 (1993): 436–443.

Pleux, Didier. »Enfants tyrans: Un peu de bon sens!« Interview mit Doctissimo.fr. http://www.doctissimo.fr/html/psychologie/mag_2003/mag1024/ps_7167_enfants_ty-rans_bon_sens_itw.htm.

Programme National Nutrition Santé. *La santé vient en mangeant et en bougeant.* 2004.

Rossant, Lyonel, und Jacqueline Rossant-Lumbroso. *Votre Enfant: Guide à l'usage des parents.* Paris 2006.

Rousseau, Jean-Jacques. *Emil oder Über die Erziehung.* Leipzig (o.J.) http://www.zeno.org/Philosophie/M/Rousseau,+Jean-Jacques/Emil+oder+Ueber+die+Erziehung

Senior, Jennifer. »All Joy and No Fun«, in *New York Magazine*, 12 . Juli 2010.

Sethi, Anita, Walter Mischel, J. Lawrence Aber, Yuichi Shoda und Monica Larrea Rodriguez. »The Role of Strategic Attention Deployment in Development of Self-Regulation: Predicting Preschoolers' Delay of Gratification from Mother-Toddler Interactions.« *Developemental Psychology* 36, Nr. 6 (November 2000): 767–777.

Thirion, Marie, und Marie-Josèphe Challamel. *Le sommeil, le rêve et l'enfant: De la naissance à l'adolescence.* Paris 2002.

Thompson, Caroline. Interview mit der Autorin, 20. April 2010.

Twenge, Jean M., W. Keith Campbell und Craig A. Foster. »Parenthood and Marital Satisfaction: A Meta-Analytic

Review.« *Journal of Marriage and Family* 65, 3 (August 2003): 574–583.

Vaineau, Anne-Laure. *5 conseils pour éviter le baby-clash.* http://www.psychologies.com/Famille/Etre-parent/Equilibre-du-couple/Articles-et-Dossiers/5-conseils-pour-eviter-le-baby-clash.

Warner, Judith. »How to Raise a Child.« *New York Times,* July 27, 2012. http://nytimes.com/2012/07/29/books/review/teach-your-children-well-by-madeline-levine.html?pagewanted=all.

Winter, Pam. *Engaging Families in the Early Childhood Development: Summary of Selected Literature and Key Messages for Parenting.* Education Services Australia Ltd. As the legal entity for the Ministerial Council for Education, Early Childhood Development and Youth Affairs, 2010.

Register

Die Lizenz zu mehr Gelassenheit im Familien-Alltag

Kinder brauchen keine perfekte, sondern eine glückliche Mutter. Doch wie bei Windeln, Windpocken und durchwachten Nächten immer fröhlich bleiben? Simplify your familylife!, lautet Stephanie Schneiders erfahrene Antwort als Mutter.

144 Seiten
ISBN 978-3-442-17549-9

www.goldmann-verlag.de
www.facebook.com/goldmannverlag

Die „heiße Tasse" fürs Gemüt!

Die Auswahl von liebenswerten und klugen Geschichten bekannter und weniger bekannter Autoren muntert auf, macht Mut und wärmt das Innere wie Omas gute Hühnersuppe.

224 Seiten
ISBN 978-3-442-16655-8

www.goldmann-verlag.de
www.facebook.com/goldmannverlag

Mehr Balance und Lebensfreude im Alltag

Ob unliebsame Pflichten oder langweilige Alltagssituationen – Victoria Moran zeigt, wie Sie aus ihnen magische Erlebnisse machen, die Ihr Leben bereichern. Schaffen Sie sich kleine Inseln der Entspannung und der Freude!

256 Seiten
ISBN 978-3-442-17114-9

www.goldmann-verlag.de
www.facebook.com/goldmannverlag

GOLDMANN
Lesen erleben

Um die ganze Welt des
GOLDMANN Verlages
kennenzulernen, besuchen Sie uns doch
im **Internet** unter:

www.goldmann-verlag.de

Dort können Sie
nach weiteren interessanten Büchern *stöbern*,
Näheres über unsere *Autoren* erfahren,
in *Leseproben* blättern, alle *Termine* zu Lesungen und
Events finden und den *Newsletter* mit interessanten
Neuigkeiten, Gewinnspielen etc. abonnieren.

Ein *Gesamtverzeichnis* aller Goldmann Bücher finden
Sie dort ebenfalls.

Sehen Sie sich auch unsere *Videos* auf YouTube an und
werden Sie ein *Facebook*-Fan des Goldmann Verlags!

www.goldmann-verlag.de
www.facebook.com/goldmannverlag

(G) **GOLDMANN**
Lesen erleben